VIENNE

Vienne
rien que pour vous

On la dit provinciale et conformiste ? Erreur : Vienne est audacieuse et rebelle à ses heures ! Vous paraît-elle terne, enfermée dans le carcan de son prestigieux passé ? C'est mal la connaître : elle est aussi légère que le *Gemischter Satz* des dernières vendanges ! Bien sûr, elle ne se dévoile pas au premier regard. Mais en un week-end, vous aurez le temps d'entrevoir quelques-unes de ses multiples facettes.

Pour cela, il ne faut pas se cantonner au palais de la Hofburg ou à la galerie des glaces du château de Schönbrunn. Poussez les portails, levez le nez sur les façades les plus high-tech, goûtez la palette « jaune Marie-Thérèse » et le vert des volets ! Ici, la moindre église est un amoncellement de nuages en trompe l'œil et de fresques poudreuses. Le plus banal des immeubles recèle un escalier monumental et des sculptures d'un marbre aussi crémeux que vanillé. Promenez-vous à l'aube dans les jardins du Belvédère, à peine troublés par le murmure des fontaines, et remontez la pente douce pour mieux imaginer les cavaliers turcs déboulant de la steppe, sabre au clair. Laissez-vous gagner par le charme désuet des anciens faubourgs : ils sont un subtil concentré d'Europe centrale et de design post-moderne. Après toutes ces explorations, il sera temps de sacrifier au rite du café-gâteau. À moins que vous ne préfériez l'ombre des charmilles ? De là, vous ne serez plus qu'à un jet de pierre de la Wienerwald, cette fameuse « Forêt viennoise » où le docteur Freud, le 24 juillet 1895, eut une révélation : « le secret des rêves ». À nous de vous livrer celui de Vienne : cette ville est tout, sauf ennuyeuse.

Dans les coulisses **du guide**

Vous avez entre les mains la dernière édition de notre guide. Et dernière édition, ça veut dire quoi ? Depuis 15 ans que la collection existe, nous envoyons systématiquement un **auteur** sur place, à chaque nouvelle édition. Sa mission ? Dénicher des nouvelles adresses, flairer les tendances, être à l'affût des quartiers qui bougent, bref vous livrer le meilleur de la ville.
Et pour les photos, c'est la même chose. Nous avons une équipe de **photographes** qui se charge de réaliser des reportages sur mesure et dédiés uniquement à la collection.

Un Grand Week-end à Vienne **sur Facebook**

Retrouvez-nous sur Facebook ! Nous partageons au fil des jours les toutes dernières adresses, nos photos coups de cœur, les événements à ne pas manquer, les trucs et astuces qu'il faut connaître, et surtout nous répondons à toutes vos questions. Avec *Un Grand Week-end* vous ne voyagerez plus jamais seuls…

www.facebook.com/GuidesUnGrandWeekend

Calendrier des événements à Vienne

Votre choix est fait, vous partez à Vienne. Reste à ajuster vos dates... Voici le programme des festivités qui vous permettra de cibler au mieux votre séjour en fonction de vos envies. La capitale autrichienne est un haut lieu de fêtes grandioses ou déjantées, de bals et de concerts... Autant d'occasions d'apprécier la ville dans un contexte très original et particulièrement animé.

Janvier-février

Concert du Nouvel An

Pas facile d'y assister : la réservation se fait par mail un an à l'avance (entre le 2 et le 23 janvier) puis par... tirage au sort ! Prix du billet : de 30 à 940 €. Une solution de repli ? La télé : le concert est retransmis en mondovision depuis le Musikverein !

www.wiener philharmoniker.at

Resonanzen

Avis aux amateurs d'instruments de musique anciens : durant la dernière semaine de janvier, la musique médiévale et baroque s'en donne à cœur joie sur la scène du Konzerthaus !

www.konzerthaus.at

Saison des bals

C'est en janvier-février qu'elle bat son plein (voir p. 30-31). Vous n'aurez donc que l'embarras du choix, entre le bal de l'Opéra et son pendant excentrique, le bal des Roses (Rosenball).

www.ballguide.at

Mars-avril

Ostermarkt

Le « marché de Pâques » dure 15 jours et ses 45 stands ont pour ravissante toile de fond le château de Schönbrunn. Au menu : de l'artisanat autrichien – avec des objets en foin et pomme de pin, des jouets en bois et des œufs peints – mais aussi des spécialités à déguster sur fond de jazz.

www.ostermarkt.co.at

Osterklang

Ce festival de musique classique, axé sur les compositeurs des XVIIe-XIXe s., se partage entre le Musikverein et le Theater an der Wien (p. 139) pour une série de prestigieux concerts.

www.osterklang.at

Modepalast

Fin avril, 80 stylistes autrichiens et internationaux se donnent rendez-vous au MuseumsQuartier (p. 80-81) pour présenter leurs collections de prêt-à-porter et de couture « urbaine ». À la clé, trois jours de défilés, de shopping et de... *fashion party*. Entrée plein tarif : 8 €.

www.modepalast.com

Mai-juin

Life Ball

L'événement *hype* de l'agenda viennois ? C'est le Life Ball – la plus importante soirée caritative d'Europe en faveur de la lutte contre le sida – qui a lieu mi-mai à l'hôtel de ville. Le gala est payant (75 €), mais le défilé, orchestré par une star de la mode, est gratuit. Un vrai feu d'artifice !

www.lifeball.org

Wiener Festwochen

Excellent festival, concocté avec talent par Luc Bondy qui ne ménage pas ses efforts pour inviter à Vienne les meilleurs productions théâtrales et

2013-2014

Après avoir fêté en beauté le 150e anniversaire de **Gustav Klimt** (p. 14), les musées viennois continuent de mettre les petits plats dans les grands : en 2013, ils exposent Matisse à l'Albertina (p. 53), Gauguin au Belvédère (p. 61) et Lucian Freud au KHM (p. 53). Deux autres événements à inscrire sans faute sur votre bloc-notes : la réouverture du département des Objets d'art du **KHM** (p. 79) et celle du **palais Liechtenstein** de la Bankgasse, superbement restauré (p. 67).

performances d'artistes. Programme disponible dès décembre (p. 133).

www.festwochen.at

Juin-juillet

Donauinselfest

La « méga teuf » en plein air de l'île du Danube dure trois jours et attire trois millions de visiteurs. À l'affiche, concerts gratuits de rock et pop.

www.donauinselfest.at

Jazzfest Wien

Un régal pour les mordus de jazz et de blues : de fin juin à mi-juillet, une dizaine de scènes – le Wuk, le Porgy & Bess, la Sargfabrik, l'Opéra… – accueillent Randy Crawford, le Buena Vista Social Club et autres pointures du genre.

www.viennajazz.org

Juillet-août

ImPulsTanz

Ce festival de danse contemporaine – l'un des plus réputés en Europe – réunit chaque année, de la mi-juillet à la mi-août, des compagnies et chorégraphes internationaux (Chris Haring, Anna Teresa De Keersmaeker…). En prime : 200 ateliers de hip-hop, ballet, etc., ouverts à tous.

www.impulstanz.com

Septembre

Vienna Fair

Quatre jours durant, la Foire d'art contemporain de Vienne explore les dernières tendances de la création en Europe centrale et orientale. 100 galeristes y exposent les œuvres de plus de 1 000 artistes.

www.viennafair.at

Octobre

La longue nuit des musées

Le premier samedi du mois, de 18h à 1h, des dizaines de bus font la navette entre les 90 musées de Vienne qui ouvrent leurs portes aux noctambules. Attention : le nombre de visiteurs frise les 220 000 ! Vente des billets sur la Heldenplatz.

http://langenacht.orf.at

Novembre

Wien Modern

C'est *le* festival des tendances contemporaines. La musique s'y taille la part du lion, mais il y a aussi du cinéma, des performances…

www.wienmodern.at

Décembre

Marchés de Noël

De l'esplanade de l'hôtel de ville à la cour d'honneur du château de Schönbrunn, ils font le charme de Vienne, dès la fin novembre, avec leurs arbres à sucres d'orge et leurs concerts de cuivres. Voir p. 32-33 et 63.

Bal de l'Empereur

Il a lieu, en robe longue et smoking, dans les salons ultra-chic de la Hofburg, le 31 décembre, de 22h à 3h. Entrée : 145 €.

www.kaiserball.at

EXPOSITIONS TEMPORAIRES & PERMANENTES

Pour connaître le programme des expositions temporaires et permanentes, vous pouvez consulter le site **www.austria.info**, le site de l'office du tourisme de Vienne : **www.vienne-autriche.info**, ou bien directement les sites des musées.

- Albertina : **www.albertina.at**
- Belvédère : **www.belvedere.at**
- MAK : **www.mak.at**
- Leopold Museum : **www.leopoldmuseum.org**
- Liechtenstein : **www.liechtensteinmuseum.at**
- Mumok : **www.mumok.at**
- AzW : **www.azw.at**

Pour les concerts, théâtres et opéras, voir p. 138-139.

LE MEILLEUR DE Vienne

Qui a dit que la capitale autrichienne serait réservée aux seuls fans de Sissi ? Ou qu'elle n'aurait d'yeux que pour les mélomanes ? À Vienne, vous pourrez visiter 120 musées, danser jusqu'au petit matin, jouer au beach-volley, randonner dans la forêt pour écouter le brame des cerfs… Voici quelques suggestions que vous retrouverez plus en détail au fil des pages de ce guide.

Musées et monuments

Stephansdom
Voir Visite n° 1 p. 42 et « Zoom sur » p. 74.

Demel
Voir Visite n° 2 p. 45 et « Zoom sur » p. 75.

Haus der Musik
Voir Visite n° 3 p. 47 et « Zoom sur » p. 76.

Museum für angewandte Kunst
Voir Visite n° 5 p. 50 et « Zoom sur » p. 77.

Hofburg
Voir Visite n° 6 p. 52-53 et « Zoom sur » p. 78.

Kunsthistorisches Museum
Voir Visite n° 6 p. 53 et « Zoom sur » p. 79.

MuseumsQuartier
Voir Visite n° 7 p. 54 et « Zoom sur » p. 80-81.

Hofmobiliendepot
Voir Visite n° 8 p. 57 et « Zoom sur » p. 82.

Belvédère
Voir Visite n° 10 p. 61 et « Zoom sur » p. 83.

Château de Schönbrunn
Voir Visite n° 11 p. 62-63 et « Zoom sur » p. 84.

Balades dans les parcs

Lainzer Tiergarten
Voir « Comprendre Vienne et les Viennois » p. 19.

Jardins du Belvédère
Voir Visite n° 10 p. 61 et « Zoom sur » p. 83.

Parc de Schönbrunn
Voir Visite n° 11 p. 62-63 et « Zoom sur » p. 84.

Prater
Voir Visite n° 16 p. 72 et « Zoom sur » p. 85.

Hofmobiliendepot

Les banquettes Enzi du MuseumsQuartier

Vivre à l'heure de Vienne

Longer les bras du Danube en roue libre
Voir « Comprendre Vienne et les Viennois » p. 19 et Visite n° 16 p. 72-73.

Aller « bruncher » à la Gloriette
Voir Visite n° 11 p. 63.

Prendre un bain de foule au Naschmarkt
Voir Visite n° 9 p. 59 et Shopping p. 131.

Lézarder sur les banquettes du MQ
Voir Visite n° 7 p. 54 et « Zoom sur » p. 80-81.

Traîner au café devant un *melange*
Voir « Comprendre Vienne et les Viennois » p. 22-23 et Séjourner p. 99 (Landtmann).

Trinquer sous la treille… …au « *heuriger* nouveau »
Voir « Comprendre Vienne et les Viennois » p. 26-27 et Séjourner p. 97.

Découvrir les nouveaux sons et les jeunes labels dans les bars alternatifs
Voir Sortir p. 135.

Partir à Vienne

Climat

Il est continental. Autrement dit, les étés sont chauds et plutôt humides (à Vienne, il tombe en moyenne 80 mm d'eau en juillet), tandis que les hivers sont rigoureux et traînent en longueur. Les températures descendent parfois jusqu'à - 20 °C. Évitez, si vous le pouvez, les périodes de vacances scolaires autrichiennes : juillet-août et surtout Pâques, qui attirent des flots de touristes au château de Schönbrunn et au palais de la Hofburg. Du reste, l'été n'est pas nécessairement la meilleure saison pour visiter la capitale : certains musées sont fermés, l'opéra fait relâche, tout comme l'école d'équitation et le chœur des petits chanteurs. Choisissez de préférence les demi-saisons – courtes mais charmantes – et, si vous ne craignez pas le froid, le temps de l'avent : sous la neige, Vienne est résolument magique.

Comment partir ?

Pour un séjour de courte durée, l'avion est, de loin, la meilleure formule, d'autant que si vous programmez votre voyage plus de un mois à l'avance, vous pourrez bénéficier de tarifs réduits.

En avion

Trois compagnies aériennes se partagent désormais le ciel entre Vienne et Paris. **Austrian**, la compagnie nationale autrichienne, et **Air France** assurent toutes deux plusieurs vols réguliers, quotidiens et directs d'une durée de 2h et proposent des tarifs promotionnels.
La compagnie low cost **Niki** propose jusqu'à plusieurs vols en semaine (un seul vol le week-end en général). Les tarifs les plus avantageux – à partir de 40 € environ l'aller sur Niki – sont soumis à des conditions particulières d'achat (les billets ne sont ni modifiables ni remboursables).
Certains tarifs vous permettent de bénéficier de services gratuits : assurance rapatriement, assistance téléphonique 24h/24 en cas de difficulté sur place, etc.
Pour un week-end, adoptez le format bagage de cabine : vous pourrez ainsi vous enregistrer à la dernière minute, une demi-heure avant le décollage.
Pour les bagages de soute, sachez que le poids autorisé est de 20 kg et qu'en cas de surcharge, il vous faudra acquitter un supplément de 13 € par kg.
La compagnie Austrian dessert également Vienne au départ de Nice, Lyon et Genève.

Air France
☎ 3654, www.airfrance.fr
Air France à Vienne
Kärntner Straße 49 (H8)
☎ 502 222 400, rens. tél. lun.-ven. 8h-20h, sam. 9h-17h30.

Austrian
☎ 0820 816 816
www.austrian.com
Austrian à Vienne
Hegelgasse 21 (H8)
☎ (0)51789, bureau ouv. lun.-ven. 9h-17h30
Niki
☎ 0811 025 102 (France) ou 0820 737 800 (Autriche)
F (00431)70126 470
www.flyniki.com
Infos sur les vols (aéroport de Vienne) : ☎ 7007 222 33.

En car

Confortables, très économiques et relativement ponctuels, les bus de la compagnie Eurolines assurent une liaison entre Paris (gare routière de Gallieni/Bagnolet), Lille, Metz, Lyon, Marseille, etc., et la capitale autrichienne. Le billet aller-retour coûte environ 136 € (79 € en « offre spéciale »). Départ les mer., ven., et dim. de Paris (14h15), arrivée à Vienne (station de métro Erdberg) à 7h15, retour les lun., mer. et ven. (départ de Vienne à 19h30, arrivée à Paris à 13h15). Renseignements et réservations : 28, av. du Général-de-Gaulle, 93541 Bagnolet (M° Gallieni), ☎ 0892 89 90 91 www.eurolines.fr

Par le train

Il n'y a plus de liaison directe entre Paris et Vienne mais, au départ de Strasbourg, le TGV 9575 et l'EN 463 relient toutes les nuits Vienne *via* Munich en 12h. Si vous résidez dans le sud-est de la France, prenez plutôt le Nice-Vienne avec changement à Padoue (Padova). Le prix du billet est élevé – un aller simple Paris-Vienne ne coûte pas moins de 180 €. Dans certaines agences comme Wasteels ou Transalpino par exemple, les moins de 26 ans peuvent bénéficier de tarifs avantageux sur l'ensemble du trajet.

De l'aéroport au centre-ville

En bus

Le Vienna International Airport (Schwechat) est situé à 19 km au sud-est de Vienne. Toutes les 30 min, un bus assure la navette entre l'aéroport et Landstraße, desservie par les lignes de métro U3 et U4. Durée du trajet : 20 min. La première navette part à 5h38 du matin, la dernière à 0h20. Le ticket s'achète dans le bus, auprès du chauffeur, et coûte 7 €, bagages inclus (le tarif est un chouïa plus intéressant si vous prenez d'emblée un aller-retour). Certains bus vont directement à la gare de l'Ouest (**Westbahnhof**, 35 min). Renseignements : ☎ 0810 222 333 ou ☎ 7007 32 300.

FORFAITS

De nombreux voyagistes, tel **Nouvelles Frontières** (☎ 0825 000 825, www.nouvelles-frontieres.fr) proposent des séjours comprenant le transport et l'hébergement, des circuits combinés et des week-ends à thème (opéra, Vienne baroque, expos, etc.). Ce type de formule forfaitaire est avantageux et fort commode, puisqu'il évite tous les tracas des réservations. Seul risque : celui de se retrouver dans l'un de ces « hôtels-usines à touristes », sans charme particulier, qui reçoivent des groupes à longueur d'année. D'autres tour-opérateurs ont une longue expérience de l'Autriche :

- **Clio**
34, rue du Hameau
75015 Paris
☎ 01 53 68 82 82
www.clio.fr
- **Donatello**
10, rue Daunou
75002 Paris
☎ 0826 10 2005
www.donatello.fr
- **Destination-Autriche**
3, rue de Turbigo
75001 Paris
☎ 01 44 82 29 00
office.paris@destinationeurope.fr
- **Korè**
1, rue Gabriel-Laumain
75010 Paris
☎ 01 53 42 12 24
www.korevoyages.com
- **Terra Nobilis**
15, rue de l'Arc-en-Ciel
67000 Strasbourg
☎ 03 88 35 32 14
www.terranobilis.com

En train

Le train rapide (**Schnellbahn, « S7 »**) qui relie l'aéroport à la gare de Wien-Mitte est moins onéreux que le bus : le billet ne coûte que 3,60 €. Notez cependant qu'il n'y a que deux navettes par heure et que le trajet dure 27 min. Premier départ à 4h54, dernier départ à 0h18. Attention : si vous avez opté pour un forfait du type *72 Stunden Wien-Karte* (p. 38), n'oubliez pas d'acheter une prolongation de parcours (1,80 €), l'aéroport étant situé en dehors de la communauté urbaine de Vienne. Depuis 2004, le **CAT** (« City Airport Train »), pratique et ultra-rapide, relie l'aéroport à la station de métro Wien-Mitte/Landstraße en 16 min au prix de 10 € (18 € l'aller-retour) deux fois par heure entre 5h38 et 23h35. Renseignements : www.cityairporttrain.com

En taxi

Plus coûteux, les taxis qui stationnent devant le hall des arrivées de l'aéroport (☎ 7007 27 17 ou ☎ 7007 35 910) vous déposeront en 30 à 45 min dans le 1er arrondissement. Comptez environ 30 à 45 € pour une course aéroport/centre-ville. Enfin, pour jouer les VIP ou voyager confortablement, il existe aussi un service de minibus express avec air conditionné : le Jetbus Airport Shuttle (☎ 70 73 100, Ⓕ 70 73 100 13).

JOURS FÉRIÉS

Le Nouvel An, l'Épiphanie (6 janvier), le lundi de Pâques, le 1er Mai, l'Ascension, le lundi de Pentecôte, la Fête-Dieu, l'Assomption (15 août), le 26 octobre (fête nationale), la Toussaint, l'Immaculée Conception (8 décembre), les 25 et 26 décembre.

Louer une voiture

Elle ne vous sera guère utile si vous restez dans la capitale. Vous risqueriez fort de passer votre temps à jongler avec les *Einbahnstraßen* (rues à sens unique) et les *Kurzparkzonen* (zones à stationnement limité). En revanche, si l'envie vous prend de remonter les berges du Danube jusqu'aux vignobles de la Wachau ou d'explorer les châteaux et les monastères de l'arrière-pays viennois, n'hésitez pas : sur présentation de votre permis de conduire et de votre passeport, vous pourrez louer une voiture de première catégorie type Skoda Fabia chez Avis pour env. 130 € le week-end (de vendredi 12h à lundi 12h, 1 000 km inclus, assurances non comprises). Le port de la ceinture de sécurité est obligatoire et les enfants de moins de 12 ans doivent voyager à l'arrière. La vitesse est limitée à 50 km/h en ville et à 130 km/h sur autoroute. Le prix de l'essence est aujourd'hui à 1,40 € le litre de *Super plus/98 oktan* et 1,30 € le litre d'*Eurosuper/95 oktan bleifrei* (sans plomb). Il y a des agences de location à l'aéroport (dans la zone ouest du hall d'arrivée, lun.-ven. 6h-22h30) ainsi que dans le centre-ville.

Avis
Laaer-Berg-Str. 43 (HP par E2)
☎ 587 62 41 ou
☎ (01)7007 32 700.

Budget
Hilton Airterminal
Landstraßer Hauptstraße 2 (D3)
☎ 714 65 65
ou ☎ 70 07 32 711
Ⓕ 714 72 38.

Europcar
Schubertring 9 (H8)
☎ 866 16 11
Ⓕ 71 21 279.

Hertz
Kärntner Ring 17 (H8)
☎ 512 86 77
Ⓕ 512 50 34
Lun.-ven. 7h30-18h30, sam.-dim. 8h-16h (9h-15h en hiver).

Formalités

Les ressortissants des pays membres de l'Union européenne et de la Confédération helvétique, y compris les mineurs de moins de 16 ans, doivent être en possession d'une carte d'identité ou d'un passeport périmé depuis moins de cinq ans. Pour les citoyens des autres pays, un passeport valide, voire un visa, est exigé. En cas de doute, renseignez-vous auprès du consulat d'Autriche.

Douane

Cosignataire des accords de Schengen, l'Autriche n'effectue qu'un contrôle de routine aux frontières pour les ressortissants de l'Union européenne. Notez toutefois que l'importation d'armes à feu, de munitions et d'armes blanches est interdite. Et n'oubliez pas, si vous voulez emmener votre chien ou votre chat, de vous munir de son certificat de vaccination antirabique, établi par un

S'INFORMER AVANT DE PARTIR

- **Informations touristiques en ligne**
www.wien.info/fr
- **Maison de l'Autriche**
(Office national autrichien du tourisme)
BP 475, 75366 Paris Cedex 08
Renseignements par téléphone ou par courrier
☎ 08 11 60 10 60 – vacances@austria.info
www.austria.info/fr
- **Forum culturel autrichien**
17, avenue de Villars – 75007 Paris
☎ 01 47 05 27 10.
- **Ambassade d'Autriche**
6, rue Fabert – 75007 Paris
☎ 01 40 63 30 63 – www.amb-autriche.fr
- **Consulat d'Autriche**
17, avenue de Villars – 75007 Paris
☎ 01 40 63 30 90
Lun.-ven. 9h-12h.

vétérinaire au moins trente jours avant le passage de la frontière.
Infos Douane française :
☎ 0811 20 44 44
www.douane.gouv.fr

Euro

Depuis le 1er janvier 2002, l'unité monétaire n'est plus le schilling autrichien mais l'euro (prononcez « oïro ») divisé en 100 cents (prononcez « tsennt »). S'il vous reste quelques schillings d'un précédent voyage, pas de panique ! Vous pourrez les échanger au cours légal (100 schillings = 7,2673 €) à l'Oesterreichische Nationalbank, Otto-Wagner-Platz 3 (B2), M° Schottentor.

Budget

Vienne serait 15e au hit-parade des villes les plus chères du monde. Une fois payés l'hôtel et le transport (600 €), il vous faudra compter, pour deux jours, sur un budget de 180 € environ à dépenser sur place en restaurants, sorties, musées, concerts, transports, cafés, etc. Tout dépend, évidemment, du choix des établissements et de la fréquence de vos arrêts dans les pâtisseries. Comptez 20 € pour un déjeuner décent avec boisson, 10-12 € pour une entrée de musée, 13,60 € pour un coupon de métro forfaitaire (72h), 6,50 € pour un cocktail dans un bar de nuit, entre 18 et 65 € pour une place de concert. Si vous vous contentez d'un sandwich sur le pouce et de quelques menus achats à l'extérieur du 1er arrondissement, vous pourrez vous en sortir avec 70 € par jour.

Santé

Aucun vaccin n'est exigé. Seule précaution : soyez vigilant lors de vos excursions en forêt (il y traîne parfois quelques tiques contagieuses qui peuvent transmettre le virus de la méningo-encéphalite ou FSME) et dans le parc de la Lobau (moustiques). Si vous suivez un traitement, pensez à emporter suffisamment de médicaments dans vos bagages car vous n'êtes pas assuré de retrouver les mêmes à Vienne. En cas de problème, vous pouvez toujours vous adresser à l'Internationale Apotheke (Kärntner Ring 17, H8, ☎ 51228 25, lun.-ven. 8h-18h, sam. 8h-12h). Pensez aussi, avant de partir, à demander à votre caisse d'assurance maladie la carte européenne d'assurance maladie.
En tant que ressortissant d'un pays membre de l'Union européenne, vous aurez droit, à votre retour, au remboursement des frais médicaux que vous aurez pu engager en Autriche.

Heure locale

Il n'y a pas de décalage horaire entre Vienne et Paris. Été comme hiver, l'Autriche adopte les mêmes horaires que la France.

Voltage

Le courant est le même qu'en France : 220 volts, fréquence 50 Hz, et les prises sont identiques.

Les délices de la pâtisserie viennoise

On aurait tort de croire que seules les mamies dodues prennent le temps de savourer à quatre heures une pyramide de mousse aux myrtilles ou une meringue rehaussée de noisettes : à Vienne, les gâteaux sont l'affaire de tous. Surtout s'ils sont inondés de volutes de crème fouettée et de coulis de cacao. Voici quelques joyaux d'un art quasiment baroque, dont la virtuosité confine au vertige.

Ingrédients et influences

Les pâtissiers viennois, fidèles à la tradition, ont une nette préférence pour les produits riches – beurre fondu, purée de châtaignes, compote de prunes, graines de pavot… – et pour les combinaisons élaborées, inspirées de recettes tchèques ou hongroises. C'est le cas des *Palatschinken* : ces succulentes crêpes, fourrées de fromage blanc, de chocolat ou de noisettes pilées, doivent beaucoup à l'ingéniosité de Karoly Gundel, restaurateur à Budapest dans les années 1900. Les brioches que l'on appelle *Buchtel* viennent, quant à elles, directement de Bohême, tout comme les *Powidltascherl* à la confiture de quetsches, copieusement enrobés de pâte ou de pommes de terre. Ce genre de dessert roboratif à souhait est très apprécié lorsque l'hiver se fait rude.

Strudel

Autre fierté tout aussi calorique de la pâtisserie autrichienne, le *Strudel*, qui figure au menu de tous les restaurants viennois, est un feuilleté en rouleau, farci de pommes et de raisins secs,

saupoudré de cannelle et de sucre. Il est délicieux quand il est servi tiède et quand la pâte est aussi fine que du papier à cigarettes. Sachez qu'il existe plusieurs variantes intéressantes : le chausson, en effet, peut être fourré de quetsches, d'airelles mais aussi de fromage blanc

(*Topfenstrudel*). Parmi les autres spécialités, il faut goûter le *Guglhupf*, qui a la forme d'un volcan et qui peut être marbré, et le *Kaiserschmarrn*, qui fut l'un des plats favoris de l'empereur François-Joseph. Il s'agit d'une grosse omelette sucrée, avec raisins secs et compote, brisée à la fourchette.

À l'heure du goûter

Nombreux sont les Viennois qui trompent leur faim en s'octroyant une petite pause dans un café ou, mieux, dans une *Konditorei* (pâtisserie). Certaines d'entre elles sont de véritables temples élevés au culte de la gourmandise et proposent un choix étourdissant de gâteaux. C'est le cas, entre autres, d'Anton Gerstner (Kärntner Straße 13-15 ; H7 ; lun.-sam. 8h30-20h, dim. 10h-18h), « Confiseur de la Cour » depuis 1873, qui a eu le privilège de confectionner les desserts du buffet de mariage de Zita de Bourbon-Parme et de Charles de Habsbourg-Lorraine en 1911, et qui continue de vendre les fameuses *kandierte Veilchen* (violettes en sucre candi) que l'impératrice Sissi aimait tant. Mais il est un luxe encore plus bourgeois auquel les Viennois ne renonceraient pour rien au monde : déguster une *Sachertorte* chez Sacher.

Sachertorte

En 1832, un dénommé Franz Sacher dut remplacer au pied levé son chef malade qui était chargé d'un banquet à la cour du prince Metternich. Le jeune apprenti cuisinier créa pour l'occasion un gâteau au chocolat fourré de confiture d'abricots, nappé d'un glaçage tout aussi chocolaté. Le succès fut tel que toutes les pâtisseries de Vienne se mirent bientôt à fabriquer des *Sachertorte*. Pendant près de un quart de siècle, un conflit opposa Sacher à son rival Demel au sujet de l'exclusivité de la recette, dont le secret, jamais dévoilé, réside dans la proportion des trois chocolats nécessaires au glaçage. En 1965, la justice finit par trancher en faveur de Sacher qui continue donc d'expédier dans le monde entier, sous le label *Original Sachertorte*, son légendaire gâteau.

LE B.A.-BA DE LA *SACHER*

Il vous faut 150 g de chocolat noir, 150 g de beurre doux, 6 œufs, 120 g de farine, 100 g de sucre en poudre et de la confiture d'abricots. Faire fondre le chocolat au bain-marie ; ajouter, hors du feu, le beurre en morceaux, le sucre, les jaunes d'œufs, la farine et les blancs d'œufs en neige. Faire cuire à four moyen, 30 min, dans un moule beurré et fariné, laisser refroidir et étaler la confiture (tiédie). Glaçage : faire fondre 120 g de chocolat et 150 g de sucre dans 1/8 l d'eau à feu doux, remuer jusqu'à l'obtention d'une crème. Napper le gâteau en lissant cette crème avec une spatule métallique. Servir froid.

Vienne 1900 : le style Sécession

De 1896 à 1906, la capitale autrichienne fut secouée par un formidable vent de modernité et de contestation. Une poignée de peintres, de designers et d'architectes dissidents, attentifs aux avant-gardes de l'art à l'étranger, s'associèrent pour conjuguer leurs talents et livrer bataille contre le conservatisme ambiant. À eux seuls, ils réussirent à faire de Vienne un vrai bouillon de culture ainsi qu'un prodigieux laboratoire de formes nouvelles.

Contre l'académisme

Dès le milieu du XIXe s., de riches négociants et des industriels libéraux avaient fait aménager, à l'emplacement des fortifications, un « Ring » – une ceinture de boulevards bordée de bâtiments colossaux sur 4 km de long : hôtel de ville, salles de concert, académies, théâtres, palais privés, édifiés à la gloire du progrès et de la prospérité, dans un style assez prétentieux, qui accumulait les emprunts à l'Antiquité grecque, mais aussi au gothique et à la Renaissance. Dix-neuf artistes, écœurés par ce pot-pourri dépourvu de toute originalité, décidèrent de faire *sécession* et d'élaborer une esthétique nouvelle sous un autre mot d'ordre : « À l'époque son art, à l'art sa liberté. »

Gustav Klimt

Le peintre Gustav Klimt (1862-1918) fut l'un des premiers à s'insurger contre l'art officiel et engoncé du Ring. Il fit scandale en peignant pour l'université de troublantes femmes nues et des silhouettes extasiées ou difformes comme celles qui figurent sur la fameuse *Frise Beethoven*, aujourd'hui exposée au pavillon de la Sécession (p. 59). En 1903, Klimt s'orienta vers un univers d'arabesques sensuelles et de femmes campées sur un fond d'or, qui rappelle les mosaïques byzantines de Ravenne, tel le *Baiser* du Belvédère supérieur.

Otto Wagner

Wagner, lui, avait déjà 50 ans lorsqu'il rompit avec l'académisme ambiant et réussit à s'imposer, en deux ou trois projets, comme l'un des promoteurs de l'architecture moderne. Entouré de brillants collaborateurs tels Hoffmann, Plecnik et Olbrich, il conçut des stations de métro (p. 61), des ponts, des tunnels et des écluses, édifia deux superbes immeubles sur la Linke Wienzeile (p. 59), ainsi que l'admirable Caisse d'épargne de la Poste (p. 51). Wagner affectionnait les formes épurées, les murs nus ainsi que les armatures visibles…

« Dictature du carré »

Josef Hoffmann, qui enseignait l'architecture et la décoration intérieure à l'École des arts appliqués, était lui aussi un pilier de la Sécession viennoise. Du sanatorium de Purkersdorf à la villa Primavesi (Gloriettegasse 18, HP par A5), il développa un style géométrique fondé sur un petit thème omniprésent : le carré. Ce module décoratif, Koloman Moser le reprit à son compte dans les illustrations de la revue *Ver Sacrum* (« Printemps sacré ») et dans les multiples articles produits par les Wiener Werkstätte, ateliers spécialisés que Moser et Hoffmann fondèrent en 1903 avec l'appui d'un industriel fortuné. Ces « WW »,

qui eurent très vite l'occasion de prouver leur savoir-faire dans le domaine de la reliure et de l'ébénisterie, s'efforçaient d'intéresser un large public, mais seuls quelques privilégiés purent se permettre d'acquérir leurs pièces…

Une génération en marge

Vers 1906, certains artistes se démarquèrent de la Sécession pour se tourner vers des recherches moins ornementales. C'est le cas d'Oskar Kokoschka, *alias* « O K » (1886-1980), qui fit une entrée fracassante sur la scène viennoise en signant des portraits plutôt expressionnistes. Ou celui d'Egon Schiele, considéré comme le fils spirituel de Klimt et le dernier représentant de la Sécession : cet enfant terrible laissa à sa mort, à l'âge de 28 ans, une œuvre crue et convulsive, qui prenait le risque d'explorer des sujets encore tabous. Adolf Loos (1870-1933) n'avait pas froid aux yeux, lui non plus. À son retour des États-Unis, cet architecte se détourna des volutes de l'Art nouveau pour choisir une voie rigoureuse, à l'image de l'immeuble nu et austère qu'il bâtit sur la Michaelerplatz (p. 52).

LA VILLA D'OTTO WAGNER

La résidence d'été de Wagner, même si elle est un peu excentrée, vaut bien un petit détour. Restaurée par le peintre Ernst Fuchs qui en est aujourd'hui le propriétaire, elle résume assez bien les idées maîtresses d'Otto : des volumes sobres, des lignes symétriques et une ornementation stylisée, en parfait accord avec la devise, inscrite sur le fronton, qui veut que « la nécessité soit la seule maîtresse de l'art ».

Otto Wagner Villa
Hüttelbergstraße 26 (HP par A3) – bus 148 ou 152
☎ 914 85 75 – www.ernstfuchs-zentrum.com
Mar.-ven. 10h-16h, dim. 10h-18h – Entrée plein tarif : 11 €.

Saveurs viennoises

Championne de l'écologie, l'Autriche défend avec passion ses produits bio et fermiers, qui ont de quoi réjouir les papilles les plus exigeantes : on trouve toujours sur le marché plus de 60 variétés de pommes de terre, et dans la seule région du Waldviertel, ce sont 750 paysans qui continuent de cultiver pavot, cumin et fines herbes. Avec ses fromages à l'ancienne et ses jambons parfumés, la cuisine du terroir a donc encore de beaux jours devant elle.

Épicuriens et gloutons

Au XVIIIe s. déjà, le Viennois passait pour un ami de la bonne chère. Les voyageurs de l'époque le décrivent replet et débonnaire : « Pour tout ce qui regarde les plaisirs de la vie, les Viennois sont plus avancés que les habitants des autres villes. Il leur faut des poulets rôtis et des feux d'artifice, ou des pèlerinages et des poulets rôtis. Ils se comportent comme s'ils n'avaient été créés par Dieu que pour manger. Au Prater, le dimanche, c'est un véritable spectacle de voir à quel point ils mangent de bon cœur leur poulet rôti tout en se promenant. »
On vous rassure tout de suite : la gastronomie viennoise ne se résume pas pour autant au seul *Backhendl*…

Une invitation au voyage

La *wiener Küche* (« cuisine viennoise ») est même assez variée. Elle doit cette diversité aux recettes et aux ingrédients glanés dans les marmites des anciens pays de la monarchie danubienne. Sur les menus, l'oie rôtie au chou rouge à la polonaise voisine avec la soupe aux haricots d'origine serbe, les boulettes de viande piquante à la mode slovène et le goulasch au paprika d'inspiration hongroise.
Ce ne sont pas des spécialités légères à proprement

parler mais, depuis une quinzaine d'années, une jeune génération de cordons-bleus, lasse des sauces épaissies à la farine et autres compositions rayonnantes de lard et de beurre, privilégie les produits frais du terroir (*aus heimischem Anbau*) et redécouvre les saveurs de la nature : céleri, estragon, baies de genièvre, moutarde des champs, salade de roquette… C'est la « nouvelle cuisine viennoise ».

Tafelspitz

Elle se décline autour de trois points forts : les plats de gibier, dont le cuissot de chevreuil aux champignons frais et griottes ; les poissons d'eau douce, tels le sandre du lac de Neusiedl (*Fogosch*) ou le filet de truite pêchée comme au temps de l'empereur dans les torrents de montagne ; et enfin la viande de bœuf. C'est sans doute là où la *wiener Küche* excelle véritablement. Certains restaurants proposent chaque jour plusieurs plats à base de bœuf, accompagnés de roboratives *Knödel*, boulettes de semoule, de mie de pain ou de pâte. Oubliez donc la fameuse *wiener Schnitzel* – cette escalope de porc panée n'a guère d'intérêt – et optez plutôt pour le *Tafelspitz*, une spécialité légendaire qui fut le mets favori de François-Joseph : il s'agit d'un aloyau de bœuf, bouilli à la façon du pot-au-feu, découpé en tranches, servi avec des pommes de terre sautées, une purée de raifort aux pommes et une sauce à la ciboulette.

Petits pains

En Autriche, la boulangerie traditionnelle se porte plutôt bien. À Vienne, où un petit musée lui est consacré (Alte Backstube, p. 93), on prétend que l'on peut trouver autant de pains différents que de jours dans l'année. Il est vrai qu'à côté du basique *Semmel*, pain rond de farine blanche, croustillant, parfois constitué de quatre quartiers (*Kaisersemmel*), il existe une infinité de formes et d'ingrédients : longs salés (*Salzstangerl*), boules

au pavot, cumin ou sésame, grosses miches de campagne cuites au feu de bois, à la croûte brune. Il en est aussi de très élaborés comme l'*Erdäpfelbrot* aux pommes de terre écrasées et aux raisins de Smyrne, le *Kletzenbrot* au rhum ou encore le *Birnenbrot* relevé de noix, noisettes et poires.

FAST-FOOD À LA VIENNOISE

« Würstelstand » : c'est le nom que l'on donne à ces petits kiosques où l'on peut manger sur le pouce des saucisses bouillies (*Burenhäutl*), grillées (*Bratwurst*), longues et légèrement fumées (*Frankfurter*), épicées (*Klobassi*) ou fourrées de fromage brûlant (*Käsekrainer*) et traditionnellement servies avec des frites, de la moutarde forte ou douce, du ketchup, des cornichons, un pain et une serviette en papier. Ce n'est pas franchement diététique, mais c'est si commode en hiver : on trouve des *Würstelstände* presque à tous les coins de rues et certains restent ouverts très tard, bien après la sortie des théâtres (Bitzinger, p. 95).

Vienne au naturel

Les Viennois aiment la nature et sont très soucieux de leur environnement. Avec 34 000 jardinets, 8 700 ha de bois et 1 620 ha de parcs publics, la capitale autrichienne figure en bonne place au hit-parade des cités vertes. Rien ne saurait manquer aux fanas de flore et de plein air : des pistes cyclables sur les anciens chemins de halage, des plages le long du Danube et une agréable forêt où l'on vient faire de la luge en famille, la Wienerwald.

De parc en parc

Le Volksgarten, le Burggarten et le Stadtpark, tous trois situés en plein cœur de la ville, sont autant de havres de paix appréciés des citadins pour leurs allées bordées d'essences rares et leurs jolis parterres fleuris. Le premier, face au Parlement, est du genre « symétrique à la française ». Le second, coincé entre l'Opéra et la Hofburg, est rafraîchissant à souhait. Le troisième, desservi par le métro (Stadtpark et Stubentor), est jalonné de sentiers et de statues de musiciens célèbres. Mais il y en a d'autres, comme l'Augarten (p. 71), le Prater (p. 72), le Belvédère (p. 61) et surtout Schönbrunn (p. 62-63), dont le grand parc est agrémenté de fontaines, de volières et d'une roseraie.

Moins connu des touristes, le Pötzleinsdorfer Schloßpark (HP par A1), au terminus du tram 41, séduira les enfants, avec ses toboggans, ses bacs à sable et ses balançoires.

La Donauinsel

Pour réguler les crues et parer aux inondations dévastatrices du Danube, les urbanistes ont rectifié le cours du fleuve et aménagé, entre le Danube proprement dit et le canal de dérivation (« Nouveau Danube »), une île artificielle : la Donauinsel.

Cette longue bande de terre en forme de spaghetti a été transformée (1972-1987) en parc de loisirs, lesquels loisirs ont été répartis en différentes zones d'activités : port de plaisance avec surf et autres activités dans la partie nord ; école de plongée, bassins peu profonds pour les enfants et espace « patins à roulettes » dans la partie centrale ; vélo, plages et aires barbecue au sud. En été, ce sont plus de 100 000 Viennois qui viennent s'adonner aux joies de la baignade et du bronzage dans ce « paradis » plutôt balisé, où rien n'est laissé au hasard. En hiver, on y pratique le ski de fond.

La Lobau

Si la Donauinsel vous semble trop synthétique et trop ordonnée, sachez qu'il existe, à 20 min de là, dans le 22e arrondissement, un lacis de bois, de prairies humides, d'étangs et de roselières, aménagé en parc national, la Lobau. Certes, il y a bien quelques pistes cyclables qui permettent de traverser le site en 1h30 (circuit de 15 km au départ de Biberhaufenweg), mais la nature y est encore relativement sauvage et miraculeusement préservée. On y marche tranquillement, on se baigne dans les bras morts du Danube, à deux pas des loutres, des tortues et de 90 espèces différentes d'oiseaux (bruants, loriots...). Au fond, la Lobau est aux antipodes de la Donauinsel, un biotope fragile, qui a toujours été le domaine du spontané et de l'anticonformisme. Naturiste depuis plus de un siècle, ce petit coin de verdure est aussi le fief des écolos, des végétariens, des non-fumeurs et des sociaux-démocrates en mal d'air pur.

Le secret du rêve

Enfilez vos chaussures de marche et votre petit loden kaki gansé ton sur ton : un bon bol de chlorophylle vous attend dans la Wienerwald, la « forêt viennoise », dont les douces collines et les pentes boisées ceinturent les 19e, 17e, 14e et 13e arrondissements. Une route panoramique, la Höhenstraße, relie quatre des nombreux belvédères de ce massif : Hermannskogel (543 m), Kahlenberg (484 m), Cobenzl et Leopoldsberg. Il existe également, parmi les hêtres et les chênes rouvres, une multitude de chemins de randonnée, plus paisibles les uns que les autres, comme celui qui va de Nußdorf à Kahlenberg, et deux ou trois lignes de bus, pour ceux qui seraient fatigués d'arpenter les sous-bois.

LAINZER TIERGARTEN

En 1882, l'empereur François-Joseph fit bâtir un petit castel – la « villa Hermes » – pour son épouse, qui ne supportait plus l'oppressante Hofburg. Plus que la déco (assez chargée) du castel, c'est la nature alentour qui plut à Sissi. Aujourd'hui, le terrain de chasse de la cour impériale, aménagé en parc public, constitue une enclave de 25 km² de collines boisées et d'air pur dans le 13e arrondissement. De la villa, il n'y a donc qu'un pas à faire pour être en pleine forêt, parmi les cerfs et les chevreuils. Vous y trouverez 85 km de chemins de randonnée et un beau point de vue depuis la Hubertuswarte (508 m).

Hermesstraße (HP par A5)
U4, tram 60 et bus 60b (arrêt Lainzer Tor) – ☎ 4000 49 200
Avr.-août : t. l. j. 8h-20h (jusqu'à 21h en mai, juin, juil.)
Hors saison : t. l. j. 9h-17h.

Les maîtres du cristal et de la porcelaine

À en juger par les vitrines remplies de carafes gravées et de petits lipizzans en biscuit, on voit bien que les Viennois ont une affection particulière pour les objets en verre et en pâte de porcelaine. La réputation de cette *Porzellan*, aujourd'hui fabriquée avec du kaolin tchèque, du feldspath scandinave et du quartz allemand, a longtemps dépassé les frontières de la ville. Pendant des lustres, la « Wiener Manufaktur » fut même la seconde fabrique de porcelaine d'Europe, après Meissen.

Lobmeyr et Bakalowits

Dès la première moitié du XIXe s., les cristalleries de Silésie et de Bohême fournissaient les intérieurs viennois en *Ranftgläser* (verres à pied) et en ravissants *Freundschaftsbecher* (gobelets), tout en s'essayant à de nouveaux procédés dans le domaine de la taille, de la coloration et de la composition du verre. Au milieu du siècle, elles avaient déjà accompli d'étourdissantes prouesses techniques. Très vite, la firme J. & L. Lobmeyr de Vienne s'associa avec trois manufactures de Bohême : les Riedel, spécialisés dans le verre pressé et les blocs de verre coloré, les Lötz et les Meyr, célèbres pour l'éclat et la parfaite transparence de leurs créations. Ensemble, ils réalisèrent des objets de belle facture, dans le goût de la Renaissance italienne et allemande. En 1899, le principal concurrent de Lobmeyr, Bakalowits, eut l'idée de s'adresser à des artistes (Josef Hoffmann, Koloman Moser) et à des élèves de l'École des arts appliqués de Vienne pour concevoir formes

et motifs. À son tour, Lobmeyr se lança dans l'aventure, quelques années plus tard. Ce fut le début de l'âge d'or du verre viennois.

Des opalines zébrées

Au total, des centaines de modèles différents furent exécutés en Bohême, entre 1910 et 1928, d'après des cartons de Kolo Moser et de J. Hoffmann, qui avait une nette préférence pour l'opaline translucide à reflets bleutés, rehaussée d'or. Tous deux mettaient en application les principes des Wiener Werkstätte (p. 15) en dessinant, pour une clientèle aisée, des vases à minces filets noirs, des cruches zébrées de larges bandes, qui se distinguaient par leur grâce, leur originalité et leur décor résolument géométrique. Les amateurs les appréciaient pour leur style avant-gardiste. Bakalowits, de son côté, déclinait les décors en fonction des catégories de prix : *violette, rosaline* et *olympia* étaient destinées au grand public, *papillon cobalt* à la bourgeoisie moyenne ; les verres les plus chers portaient des décors à « phénomènes ».

Swarovski

Pendant ce temps, Daniel Swarovski (1862-1956), qui s'était établi au Tyrol depuis 1895, avait commencé d'expérimenter de nouvelles techniques pour tailler le cristal. Vers 1930, il breveta une méthode permettant d'incruster les pierres dans les textiles, qui allait bientôt révolutionner le monde de la mode, du bijou et de l'accessoire. En 1950, Manfred Swarovski mit au point, avec Christian Dior, un cristal aux reflets irisés : Aurore Boréale, « AB » pour les intimes, qui connut un vif succès auprès des costumiers de théâtre et des couturiers. Aujourd'hui, les Swarovski (p. 118) continuent d'explorer les applications de ce minéral qui se prête à toutes les audaces.

La Manufacture impériale

Plus épaisse, plus lourde et légèrement plus grise (ou plus crème) que la porcelaine allemande, la *wiener Porzellan* s'est imposée sur le

marché au début du XVIIIe s., grâce à l'habileté de Claude Innocent du Paquier, qui avait réussi à débaucher des artisans de Meissen. En 1744, l'atelier fut « racheté » par Marie-Thérèse et produisit, sous le nom de Manufacture impériale et royale, de très élégantes pièces – figurines, jattes, tasses, rafraîchissoirs et autres soucoupes pour les entremets de l'empereur – que des peintres talentueux, tels Joseph Nigg et Franz Sartory, décoraient de châteaux autrichiens, de natures mortes et de scènes de genre d'après Watteau. Ce fut la belle époque de la porcelaine viennoise : 500 ouvriers travaillaient alors à la Manufacture pour honorer les commandes qui affluaient de Russie, de Pologne et de la Cour. Bientôt concurrencée par les fabriques de Bohême, elle dut fermer ses portes en 1864. Il faut attendre le début du XXe s. pour que des entreprises privées rachètent les stocks et reprennent le flambeau.

PORZELLANMUSEUM

Les fans de porcelaine visiteront le musée qui s'est ouvert (2011) à l'orée du parc Augarten : il illustre joliment l'histoire de la Manufacture impériale et son goût pour les services décorés de vues de Vienne et de paysages alpins. La pièce la plus inouïe ? Le vase des princes de Liechtenstein exposé au premier étage !

Schloss Augarten, Obere Augartenstraße 1 (D1)
M° Taborstraße – ☎ 211 24 200 – www.augarten.at
Lun.-sam. 10h-18h – Entrée plein tarif : 6 €.

L'empire des cafés

Ils ont fait office de salons littéraires, de salles de jeu et de bibliothèques. Ils ont joué un rôle essentiel dans la vie sociale et ont inspiré des générations d'écrivains : ce sont les cafés viennois, l'une des institutions les plus typiques de l'Europe centrale. Dans ces cénacles indolents, on ne s'accoude pas au comptoir pour ingurgiter en vitesse son petit crème : on s'assied devant une table en marbre pour prendre le temps de vivre et de lire le journal du jour.

Une boisson nouvelle

Tout aurait commencé, si l'on en croit la légende, en 1683, lorsque les troupes du roi de Pologne repoussèrent l'armée du grand vizir qui assiégeait Vienne depuis deux mois. Dans leur retraite précipitée, les Turcs abandonnèrent derrière eux, dit-on, 500 sacs de grains de *cháoube*. Les Viennois, croyant qu'il s'agissait d'une nourriture pour chameaux, commencèrent à les brûler. Mais un Arménien de passage, attiré par l'odeur, récupéra ce butin de guerre et reçut de l'empereur Léopold Ier, deux ans plus tard, le privilège d'ouvrir à proximité de la cathédrale un débit de boisson – *Zur blauen Flasche* (« À la bouteille bleue ») – dans lequel il proposait la consommation d'un breuvage noirâtre coupé de lait et de miel : le café.

Un art de vivre

Très vite, le café recueillit les faveurs des Viennois. Son usage devint une mode qui connut à travers les *Kaffeehäuser* un développement spectaculaire. On vit s'épanouir, sous le

règne de François-Joseph notamment, une véritable civilisation du café. Le *Kaffeehaus* était le lieu le plus adapté « pour s'informer de tout ce qui se passait de nouveau. C'était vraiment une espèce de club démocratique, accessible à tous où, en échange d'une modeste obole, n'importe qui pouvait rester des heures pour discuter, écrire, jouer aux cartes, recevoir son courrier et surtout feuilleter un nombre illimité de journaux et de revues » (Stefan Zweig). Depuis que Metternich avait interdit la vente des gazettes, les Viennois, en effet, avaient pris l'habitude de venir lire la presse dans les cafés...

Leurs habitués

Le café devint le port d'attache de l'intelligentsia autrichienne. Romanciers, polémistes, philosophes et peintres firent du Sperl (p. 99) et du Landtmann (p. 99) leur résidence secondaire. Douze années durant, l'écrivain Grillparzer passa toutes ses journées à la même table du Silbernes Kaffeehaus. Tandis que Gustav Mahler avait ses habitudes à l'Impérial, Alban Berg fréquentait, tout comme Klimt et Schiele, le Museum, surnommé « Café Nihilismus » en raison de son décor extrêmement dépouillé. Les uns griffonnaient des poèmes, les autres refaisaient le monde à coups de pamphlets. Pour d'autres, comme Altenberg, « être au café, c'était se trouver chez soi sans être à la maison ». Mais après la chute de la monarchie, de très nombreux établissements fermèrent leurs portes.

Les nouveaux cafés

L'âge d'or de la civilisation des cafés parut toucher à sa fin. La mode était au petit bar à *espresso*. De nos jours cependant, on assiste à une renaissance : le Café Central (p. 48), longtemps converti en dépôt d'archives, fut réhabilité et des architectes talentueux comme Hermann Czech parvinrent à aménager de nouveaux espaces de rencontre. Même le vieux Drechsler (Linke Wienzeile 22, C4, t. l. j. 15h-3h) a été relooké par Conran ! Certes, on n'y crée plus, il n'en sort ni audaces esthétiques ni pensées révolutionnaires, mais même décatis, les cafés sont toujours des oasis de confort et de tranquillité pour relire son script dans un nuage de fumée, jouer au billard, grignoter un feuilleté au fromage blanc ou un *Apfelstrudel*. Et si le café proprement dit a perdu en qualité, les vrais amateurs connaissent encore quelques bons torréfacteurs, comme Heissenberger (Kohlmarkt 11, G7) ou Meinl (p. 128).

PETIT LEXIQUE DU CAFÉ VIENNOIS

- *Brauner* : noir bruni par une tombée de lait.
- *Einspänner* : noir servi dans un grand verre avec de la crème fouettée.
- *Eiskaffee* : boule de glace à la vanille sur laquelle on verse un café froid très serré et de la crème fouettée.
- *Franziskaner* : grand café au lait saupoudré de cacao râpé.
- *Kapuziner* : grand noir avec un doigt de lait et un soupçon de crème.
- *Maria-Theresia* : moka à la liqueur d'orange.
- *Mazagran* : avec marasquin et poudre de girofle.
- *Melange* : café et lait à parts égales.
- *Mit Doppelschlag* : avec double portion de crème fouettée.
- *Original Fiaker* : *espresso* avec du rhum ou du cognac.
- *Schwarzer* : petit noir.
- *Verkehrt* : plus de lait que de café.

Mélomanie

Vienne n'a pas attendu les valses de Strauss pour être bercée par les sanglots des violons. Dès le XVIIIe s., la cour impériale attirait comme un aimant brillants interprètes et illustres compositeurs tels Mozart ou Schubert qui, en puisant dans la tradition populaire, ont su forger l'âme même de la musique viennoise, ce subtil cocktail de virtuosité enjouée et de secrète mélancolie…

La « grande trinité »

C'est ainsi que l'on surnomme le trio de compositeurs qui, vers 1780-1790, fit de Vienne la capitale musicale de l'Europe : Haydn, Mozart et Beethoven. Le premier arrivait des confins de la Hongrie, où il exerçait ses talents comme maître de chapelle au service des Esterházy. Le second, natif de Salzbourg, avait été convoqué à Vienne par l'archevêque Colloredo pour y entamer une nouvelle carrière. Le troisième, l'Allemand Beethoven, s'était installé en ville pour quelques mois et finit par y passer les 35 dernières années de sa vie. Tous trois y ont composé leurs plus beaux chefs-d'œuvre, révolutionné le concerto et donné leurs lettres de noblesse à la symphonie pour orchestre et au quatuor à cordes. Mais à l'exception de quelques mécènes, les Viennois, plus habitués au style italien, méconnurent leur génie…

Gustav Mahler

L'incompris de Vienne

Le « divin Mozart », lui-même, se heurta à l'incompréhension du public. Déjà, après la première de l'*Enlèvement au sérail*, l'empereur Joseph II lui reprocha d'avoir mis « trop de notes ». Son *Don Giovanni*, qui avait remporté un vif succès à Prague, fut un pitoyable échec lorsqu'on le présenta enfin au Burgtheater de Vienne

(1788). Quant aux *Noces de Figaro*, elles suscitèrent des polémiques au sein de l'aristocratie qui ne lui pardonnait pas d'avoir choisi un sujet aussi scandaleux. On connaît la suite : Wolfgang mourut à 35 ans, emporté par une maladie pulmonaire. Sa dépouille repose dans la fosse commune du cimetière de Saint-Marc (Sankt Marxer Friedhof, Leberstraße 6-8, HP par F5).

Le XIXe siècle

Schubert, qui était pourtant viennois de naissance, connut lui aussi une longue suite de déboires et de fiascos. À sa mort, à l'âge de 31 ans, cet enfant prodige autant que prolifique laissa derrière lui le fameux quintette dit « La Truite », neuf symphonies, dont *L'Inachevée*, et plus de 600 lieder empreints de tristesse et de lassitude. D'autres personnalités ont marqué la période romantique : Johann Strauss père, qui s'imposa dans le domaine de la valse (p. 30) ; l'Allemand Brahms, qui puisait ses thèmes et ses variations chez les maîtres du passé ; et enfin Anton Bruckner (1824-1896), originaire de Haute-Autriche, qui se dédia surtout à la musique d'église.

Mahler et Berg

Une autre génération, née sous le règne de François-Joseph, a contribué elle aussi au renom de Vienne dans le domaine musical. Gustav Mahler (1860-1911) trouva le temps de diriger l'Opéra et d'écrire cinq cycles de lieder ainsi que dix symphonies monumentales, quelque peu intimidantes, qui mettront du temps à se frayer un chemin auprès du public. Plus déroutante encore, l'œuvre de la « nouvelle école de Vienne » dont le véritable père, Arnold Schönberg (1874-1951), élabora une méthode de composition qui utilisait les 12 sons de la gamme pour les agencer selon un ordre différent, jetant ainsi les bases du dodécaphonisme atonal et sériel. Ses élèves, les Viennois Alban Berg (1885-1935), à qui l'on doit *Wozzeck* et *Lulu*, et Anton von Webern (1883-1945), dont la durée totale de l'œuvre ne dépasse pourtant pas quatre disques, exerceront une très grande influence sur la musique contemporaine.

PROMENADES MUSICALES

• Beethoven

Ludwig habita en 1802 dans le faubourg de Heiligenstadt (Probusgasse 6, HP par B2 ; mar.-dim. 10h-13h et 14h-18h ; entrée plein tarif : 2 €), en 1803 dans une petite maison de vigneron (Döblinger Hauptstraße 92, HP par B2 ; vis. sur r.-v.) et, à partir de 1804, dans une maison du 1er arr. : la Pasqualatihaus (Mölkerbastei 8, G6 ; mar.-dim. 10h-13h et 14h-18h ; entrée plein tarif : 4 €).

• Haydn

En 2009, un musée a été aménagé au nº 19 de la Haydngasse (A4 ; mar.-dim. 10h-13h et 14h-18h ; entrée plein tarif : 4 €) où le musicien s'installa en 1796.

• Mozart

Au nº 5 de la Domgasse (H7, ☎ 512 17 91, voir p. 42) se trouve le seul appartement de Mozart qui ait été conservé à Vienne.

• Schubert

Né en 1797 dans la maison dite « À l'écrevisse rouge » (Nußdorferstraße 54, B1 ; mar.-dim. 10h-13h et 14h-18h ; entrée plein tarif : 4 €), Schubert écrivit ses dernières compositions chez son frère, au nº 6 de la Kettenbrückengasse (C4 ; vis. mer.-jeu. 10h-13h et 14h-18h ; entrée plein tarif : 2 €), où il mourut en 1828.

• Strauss

Le roi de la valse, Johann Strauss fils (1825-1899), composa *Le Beau Danube bleu* au n° 54 de la Praterstraße (E2 ; mar.-dim. 10h-13h et 14h-18h ; entrée plein tarif : 2 €). Instruments de musique, meubles et autres souvenirs liés à la dynastie Strauss.

Pour toutes les infos sur les musées Beethoven, Haydn, Schubert et Strauss : ☎ 505 87 47 – www.wienmuseum.at

Bières et vins d'Autriche

En 1784, l'empereur Joseph II a eu la bonne idée d'accorder aux vignerons autrichiens le privilège de vendre directement leurs crus aux consommateurs dans des estaminets de campagne : les *Heurigen*. Cette tradition s'est perpétuée, pour le plus grand plaisir des Viennois, qui peuvent ainsi découvrir, au cours de leur promenade dominicale, les petits vins frais des dernières vendanges.

L'Ottakring et les autres

Pour les Autrichiens qui consomment 108 l de bière en moyenne par an, Vienne brasse depuis 160 ans des blondes dorées, du type Gold Fassl, et des blondes à base de blé, proches des bières bavaroises, du genre Weizengold.
On trouve les marques les plus populaires – Ottakring, Gösser – dans tous les débits de boisson de la capitale. Certains bars du centre-ville, tel le Hopferl (Naglergasse 13, G6), tentent de se démarquer de cette imagerie « prolétaire » en proposant des bières rares ou étrangères et d'excellentes eaux-de-vie à base d'abricots (*Marille*), de coings (*Quitte*), gentiane (*Enzian*) ou baies de genièvre (*Wacholder*).

Vins de terroir

À en croire les statistiques dont les ministères autrichiens sont décidément friands, le Viennois boit en moyenne 31 l de vin par an. Il a une prédilection pour les crus de Basse-Autriche et du Burgenland, qui sont souvent de grande qualité.
Si la mode, aujourd'hui, est au chardonnay, le cépage le plus répandu reste un vin blanc fruité et léger, le Grüner Veltliner, qui occupe à lui seul un tiers de la surface viticole. Le Müller-Thurgau, très prisé lui aussi, est fleuri, doux et gouleyant, tandis que

le Muskat-Ottonel a un petit goût de noisette. De tous les rouges, qui ne représentent que 30 % de la production nationale, le plus chic est le Blaufränkischer couleur rubis, élevé à la frontière hongroise, près du lac de Neusiedl. Le Blauburgunder, relativement lourd, se marie à merveille avec les plats de gibier.

Les meilleurs crus viennois

Il y a peu de métropoles au monde qui peuvent se vanter d'élever des vignes à quelques minutes du centre-ville. À Vienne, les 19e et 21e arrondissements s'adonnent encore, en effet, à la viticulture. Au total : 680 ha de vignobles, exploités de part et d'autre du Danube par 230 professionnels. La rive droite est le fief des vieux chais, comme celui des Mayer, vignerons à Grinzing et Heiligenstadt dès 1683 qui ont consacré près de la moitié de leurs terres au riesling. Franz Mayer (1928-2011) était réputé pour son Nußberger, fruit de 8 cépages différents. Mais d'autres ont donné ses lettres de noblesse à la vigne viennoise, comme le jeune Fritz Wieninger, qui s'est établi sur les coteaux de la rive gauche et qui caracole en tête du hit-parade grâce à ses chardonnays frais en bouche et ses cabernets. Il faut mentionner aussi Herbert Schilling de Strebersdorf et Rainer Christ de Jedlersdorf, qui s'est fait connaître par son Gemischter Satz et sa « guinguette » au design contemporain.

Heurigen

Pour déguster les bons crus de ces pros du bouchon, les Viennois se rendent, surtout les week-ends d'été, dans les *Heurigen*, sortes de guinguettes où l'on sert, sous une tonnelle ombragée, de la charcuterie et du vin qui se boit ici à trois stades de maturation : le *Most* (tout juste issu du pressurage des raisins), le *Sturm* (en cours de fermentation) et le *Heuriger* proprement dit (vin des dernières vendanges). L'atmosphère y est détendue, un brin mélancolique. On reste assis des heures durant sur des bancs en bois, entre la cave et le pressoir, bercé par un air d'accordéon et de violon. Chaque Viennois a son *Heuriger* préféré. Il en existe aussi au centre-ville (p. 45 et 47), mais ceux de Neustift am Walde (nord-ouest de Vienne), Perchtoldsdorf (sud-ouest) et Stammersdorf (nord) sont plus authentiques.

LES DIX MOTS CLÉS DU *HEURIGER*

- *Aufläufe* : plats de pâtes ou de pommes de terre gratinées, garnies de viande, saucisses ou légumes.
- *Ausg'steckt* : ouvert.
- *Blunz'n* : boudin de porc assaisonné.
- *Buschenschank* : débit de boisson saisonnier (*Heuriger*).
- *Doppler* : bouteille de deux litres.
- *Gemischter Satz* : vin issu de crus différents provenant du même vignoble.
- *Grammeln* : morceaux de lard fondus.
- *Liptauer* : fromage à tartiner au paprika.
- *Schrammelmusik* : musique et chant traditionnels des *Heurigen*.
- *Verschnitt* : vin obtenu à partir de crus de vignobles différents.

Aux couleurs du baroque

À la fin du règne de Leopold Ier, des architectes, des sculpteurs et des peintres de talent, formés pour la plupart en Italie, sont gagnés par la fièvre baroque et rivalisent d'ingéniosité pour faire de Vienne une « nouvelle Rome » : en moins de 50 ans (1690-1740), ils parviennent à remplir la capitale de palais majestueux et d'églises opulentes qui marquent à la fois le triomphe du catholicisme et la gloire de la monarchie autrichienne.

Un phénomène tardif

Tout a commencé en 1683 avec la levée du siège de Vienne. En infligeant une cuisante défaite aux janissaires turcs et à leur grand vizir Kara Mustapha, les troupes impériales de Jean Sobieski ont permis à l'Autriche de confirmer son hégémonie en Europe centrale. Cette victoire qui augure l'âge d'or héroïque des Habsbourg amorce aussi un tournant dans l'économie du pays : la conjoncture est favorable à un épanouissement des arts et à une floraison de nouveaux monuments.

De riches mécènes

La grande aristocratie qui, tout au long du XVIIe s., avait acquis un prestige considérable et des fortunes colossales (la famille Lobkowicz, par exemple, possédait à elle seule deux villes et 65 villages en Bohême), se prit à rêver de fières résidences et de théâtres de verdure. Pour réaliser tous ces projets, elle commença par faire appel à des maîtres italiens comme Andrea Pozzo, qui décora la Jesuitenkirche (p. 51), ou Domenico Martinelli, qui conçut le palais Liechtenstein (p. 67) à l'image du palais Chigi de Rome.

Les palais

C'est alors qu'entre en scène l'une des personnalités les plus marquantes de l'époque : l'architecte Johann Bernhard Fischer von Erlach, à qui l'on doit entre autres chefs-d'œuvre Schönbrunn (p. 62), le palais d'hiver du prince Eugène (Himmelpfortgasse 8, H7), les palais Batthyány-Schönborn (Renngasse 4, G6) et Trautson

(Museumstraße 7, B3) ainsi que la chancellerie de Bohême (Judenplatz 11, H6). Natif de Gênes, Johann Lukas von Hildebrandt travaille lui aussi aux fastes de l'aristocratie victorieuse, mais il est moins porté sur le baroque romain que son rival. Inspiré par les villas vénitiennes, il a bâti, à moins d'une heure de carrosse de la cathédrale, des *Gartenpaläste*, de ravissants « palais-jardins » pour les princes Starhemberg (Rainergasse 11), Schwarzenberg (p. 61) et Eugène de Savoie, dont il devient l'architecte en titre.

Volutes et arabesques

Cette génération qui déploie une activité prodigieuse – 400 palais sont alors construits ou « baroquisés » dans le centre-ville et les environs immédiats – a le goût de la volute et de l'arabesque, comme en témoigne l'audacieuse toiture du Belvédère supérieur (p. 61), avec son petit air de tente ottomane, ou les portails et les escaliers d'apparat, qui se couvrent de colonnes torses et d'atlantes à la musculature boursouflée. Même les frontons des fenêtres bourgeoises sont désormais dessinés comme des accolades.

Les églises

Les églises, bien sûr, n'échappent pas à la règle : leurs clochers se prennent pour des bulbes, des oignons ou des potirons, leurs chaires sont tourmentées, leurs

bancs sont courbes. De la Peterskirche (p. 45), qui est devenue un modèle pour beaucoup d'églises d'Europe centrale, à la Karlskirche (p. 60), véritable manifeste du baroque impérial, la ville n'est plus qu'une cascade d'angelots joufflus, de coupoles circulaires tapissées de trompe-l'œil et de médaillons ovales ornés de fresques signées des meilleurs représentants de la peinture autrichienne : Johann Michael Rottmayr, Daniel Gran, à qui l'on doit l'admirable plafond de la Bibliothèque nationale (p. 53), Paul Troger et Franz Anton Maulbertsch.

LA MODE À L'ÉPOQUE BAROQUE

« Les Viennoises se font édifier sur la tête un appareil de gaze à trois ou quatre étages qui tient à grand renfort de solides rubans. Elles recouvrent cette carcasse avec leurs propres cheveux qu'elles mêlent à de multiples mèches fausses, car on considère ici qu'il est particulièrement seyant d'avoir une tête qui n'entrerait pas dans un tonneau. Une quantité prodigieuse de poudre est utilisée pour couvrir ce fatras hérissé de trois ou quatre rangées d'épingles décorées de pierreries rouges, vertes et jaunes. L'impératrice elle-même est obligée de suivre ces modes ridicules… »
Lady Mary Montagu, *Lettres d'ailleurs*, 1716, éd. José Corti, 1997.

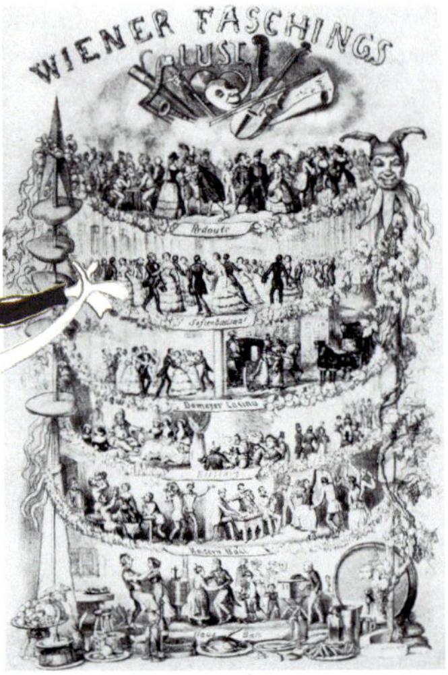

La saison des bals

Chaque année, après le fameux concert du Nouvel An qui s'achève invariablement sur *La Marche de Radetzky* et *Le Beau Danube bleu*, 20 % de la population viennoise – si l'on en croit les statistiques – ressort ses souliers vernis, repasse son frac et se jette à corps perdu dans la ronde infinie des bals. Ce sont donc 300 000 danseurs impénitents qui, jusqu'à la fin février, se métamorphosent en princes charmants ou en Cendrillon pour évoluer avec grâce sous les lustres nostalgiques de l'Empire.

La capitale européenne de la valse

Plusieurs facteurs expliquent cet engouement qui remonte à l'époque Biedermeier. Auparavant, on ne dansait guère que dans les auberges de la campagne environnante : la mode était au *Ländler*, sorte de menuet paysan à trois temps. Mais au tout début du XIXe s., les Viennois découvrirent les joies du parquet. Dès lors, on cessa de sautiller sur la terre battue et l'on se mit à glisser, sous l'impulsion de Joseph Lanner et de Johann Strauss, sur une variante plus harmonieuse du *Ländler*, la valse. Cette nouvelle danse de couple, que certaines cours étrangères jugèrent indécente, conquit aussitôt le cœur des Autrichiens.

Sous le parquet, l'apocalypse

La valse, qui se distingue par son insouciante légèreté, incarnait parfaitement l'esprit Habsbourg : plus la monarchie approchait de sa

fin, plus elle se grisait de bals masqués, d'opérettes et de danses. Aujourd'hui, la valse a conservé cette même sensualité un peu superficielle, mais elle est devenue pour beaucoup une véritable religion. Les couples répètent sans relâche et cultivent la difficulté – le quadrille, la chaîne anglaise, la valse à l'envers – dans l'espoir d'être sélectionnés par les écoles de danse et d'avoir l'honneur d'ouvrir un bal.

Le frisson du grand soir

On compte plus de 250 bals au calendrier. Chaque corps de métier, chaque communauté a le sien : maîtres nageurs, psychothérapeutes, garçons de café, Fédération agricole de Basse-Autriche, douaniers, scouts, ramoneurs... Le plus prisé de la haute société est le grand bal, très « vieille Autriche », de l'orchestre philharmonique, dirigé de main de maître par d'éminents chefs d'orchestre. Il obéit, comme tous les autres bals de Vienne, à un cérémonial précis. Le *dress code* lui-même est strict : robe du soir pour les dames ; nœud papillon, gants blancs, queue-de-pie ou smoking pour les messieurs.

Un rituel immuable

La tradition veut que la soirée débute vers 21h ou 22h et qu'après l'entrée des « débutant(e)s », l'orchestre attaque par une polonaise, enchaîne par une polka, une première valse suivie de quelques menuets et quadrilles, avant de déclarer : *alles Walzer*. À cette formule magique, toute l'assistance entre dans la ronde et tournoie jusqu'à 5h du matin.
En dehors de ce protocole de base, chaque bal a son propre style : costumes traditionnels chez les Styriens, les Tyroliens et les Tchèques, masque pour les jeunes filles – au moins jusqu'à minuit – au gala de la Rudolfina.

Le bal de l'Opéra

Sans doute le plus huppé, le plus médiatique et le plus cher de tous les bals (l'entrée coûte 250 €) reste l'Opernball. Sommet incontesté de la saison mondaine, rendez-vous international du glamour, il réunit sous les flashs des paparazzi chefs d'État et têtes couronnées, barons de l'industrie et étoiles montantes de la bourgeoisie d'affaires. Cette débauche de laquais en livrée, de seaux à champagne et de riches princesses en froufrous lamés n'est pas du goût de tous : boudée par la vieille noblesse européenne qui lui préfère le bal du palais Schwarzenberg, la fête à l'Opéra passe pour une « obscénité » aux yeux de quelques contestataires.

CARNET DE BAL

Pour connaître les dates des bals, procurez-vous auprès de l'office de tourisme le *Wiener Ballkalender*, consultez le site www.ballkalender.cc ou téléphonez au ☎ 52 550. Pour acheter une panoplie du parfait valseur, essayez Vera Billiani (Auhofstraße 68, HP par A5 ; ☎ 877 02 66) et Peppino Teuschler (Michaeler Straße 31, HP par A1 ; ☎ 479 69 39). Pour louer une robe ou un frac, faites un saut chez Lambert Hofer (Simmeringer Hauptstraße 28, HP par F5 ; ☎ 740 90, www.lamberthofer.at). Enfin, pour réviser vos pas, suivez le *crashcourse* de M. Elmayer (Bräunerstraße 13, G7 ; ☎ 512 71 97 ; www.elmayer.at).

Les marchés de Noël

À Vienne, les fêtes de Noël ne se limitent pas aux cadeaux au pied du sapin ou à la traditionnelle carpe du réveillon : Weihnachten, c'est aussi l'odeur du pain d'épice et des châtaignes grillées, la neige et les rues illuminées. C'est le vilain Père Fouettard (*Krampus*) et le gentil saint Nicolas (*Nikolo*) qui apporte dans son sac de menus cadeaux pour les enfants. C'est enfin, et surtout, le temps des marchés de l'avent…

Sozialaktionen

Décembre est le temps des collectes, des bonnes œuvres et des *Sozialaktionen*, comme le grand « bazar de Noël » organisé depuis 1947 par Caritas durant les derniers jours de novembre (Pramergasse 9, C1), ou les marchés de l'avent, que patronnent plusieurs paroisses de Vienne et dont les recettes permettent chaque année d'aider les gens en difficulté et les enfants handicapés. Ces marchés, fréquentés à l'origine par la noblesse, puis par les bourgeois qui y achetaient leurs cadeaux de Noël, existent depuis la fin du XIIIe s. Il est d'usage d'y faire un tour à l'heure du déjeuner ou en fin de journée. Et de s'y réchauffer en sacrifiant aux deux « drogues » hivernales par excellence : le vin chaud (*Glühwein*) et le punch (soit dit en passant, le verre de punch des marchés de Noël contient plus d'eau que de jus d'orange et de rhum réunis).

Le *Christkindlmarkt*

De tous ces marchés, le plus important est le *Christkindlmarkt*, installé depuis 1975 sur la place de l'hôtel de ville de Vienne (mi-nov.-23 déc. t. l. j.

10h-21h30, ven.-sam. jusqu'à 22h). Il se compose de deux parties distinctes : les stands et le parc. Les stands en bois, alignés le long des allées centrales, offrent une avalanche de décorations pour sapins et crèches – guirlandes, bougies, couronnes, boules multicolores – ainsi qu'une profusion de jouets en bois, de calendriers de l'avent et de Pères Noël faisant sonner une clochette sur un air de Mozart. Mais le *Markt* est aussi une kermesse gourmande, où vous pourrez déguster, en plus des traditionnels fruits confits, pommes au four et sucre filé, de délicieux gâteaux et biscuits typiquement autrichiens : *Marzipan, Lebkuchen, Spekulatius, Weihnachtsstollen*.

L'Adventzauber

Le parc tout autour (Adventzauber) réunit, parmi les arbres enrubannés, des attractions pour les enfants inspirées, entre autres fables, de l'histoire du *Chat botté* et de *Pinocchio*, ainsi qu'un bureau de poste miniature qui vend des timbres « spécial Noël » et des cartes de vœux. Enfin, à l'intérieur de l'hôtel de ville, côté Volkshalle, il y a des ateliers de déco et de pâtisserie de Noël – réservés aux juniors – et des chorales qui entonnent,

tous les ven., sam. et dim. (13h30-14h et 14h30-15h), les plus beaux chants de Noël du monde entier. Après cette répétition générale, il ne vous reste plus qu'à vous rendre à la messe de minuit, très chic à la cathédrale Saint-Étienne, plus cosmopolite à la Votivkirche. Mais, dans les deux cas, vous aurez le droit à *Douce Nuit* en v. o.

Les autres marchés de Noël

L'Altwiener Christkindlmarkt, sur la place de la Freyung (G6, mi-nov.-23 déc., t. l. j. 10h-21h), est une institution, très vivante elle aussi, qui conjugue artisanat autrichien et groupes de musique populaire. Les marchés de la Karlsplatz et de Spittelberg sont plus récents et proposent des articles qui ont peu de liens avec la tradition : bijoux orientalisants, huiles aromatiques, baguettes d'encens, ponchos et autres « ethnonippes ». On peut leur préférer les marchés, adorables, du Heiligenkreuzerhof (Schönlaterngasse, I6, fin nov.-20 déc., sam. 10h-19h et dim. 10h-18h) et du château de Schönbrunn (p. 63), qui expose aussi, parfois, une collection de crèches dans les salles Bergl.

LA COURONNE DE L'AVENT

Cette tradition, relativement récente, est d'origine protestante. Un pasteur de Hambourg avait coutume d'allumer chaque jour de décembre une bougie supplémentaire sur une grande couronne tressée de rameaux de sapin, afin de donner un peu plus de lumière au temple avant la nuit de Noël. Peu à peu, les couronnes se firent plus petites, les 24 bougies furent remplacées par 4, correspondant aux 4 dimanches de l'avent, et la coutume gagna les régions catholiques. À Vienne, ce sont trois bougies violettes et une bougie rose que l'on dispose sur la couronne, bénite à l'église, avant de la suspendre, chez soi, au plafond.

L'époque Biedermeier

En 1815, au lendemain des guerres napoléoniennes, l'empereur d'Autriche accueillit à Vienne le tsar Alexandre Ier, Frédéric-Guillaume III de Prusse et le prince de Talleyrand pour tenter de trouver une solution pacifique aux litiges. Cette réunion au sommet, pour laquelle la ville dépensa la bagatelle de 22 millions de florins – l'équivalent de 600 millions d'euros – en fêtes, bals à la Cour et cortèges en traîneaux, marqua les débuts d'une période importante de la culture viennoise : le Biedermeier (1815-1848).

Le système Metternich

Le gouvernement de l'époque voulait empêcher que les provinces de langue et de culture différentes (Tchèques, Hongrois, Slaves du Sud) se séparent du corps de l'État. Pour étouffer toute velléité révolutionnaire et maintenir la stabilité du régime, l'autoritaire chancelier Metternich mit en place un « système » très efficace, fondé sur un réseau d'espionnage et une police toute-puissante, passée maître dans l'art d'ouvrir la correspondance, de censurer les livres et les journaux, d'infiltrer les grandes familles et les ambassades en y plaçant des mouchards déguisés en domestiques. En 1848, au bout de trente années de dénonciations arbitraires et de répression, les Viennois descendirent dans la rue pour exiger, entre autres, la liberté de la presse. Le gouvernement fit tirer sur la population. Il fallut cette effusion de sang pour que l'empereur prît enfin la décision de congédier Metternich.

Le repli sur soi

Ce climat politique si particulier n'a pas manqué d'influer sur les mentalités : les Viennois, résignés et soumis, s'étaient retranchés dans l'univers de la vie privée et familiale. Certes, ils s'accordaient de temps à autre une promenade au Prater, une valse à la salle de bal ou une excursion à la campagne, mais il leur fallait rester vigilants : il y avait des indicateurs jusque dans les auberges les plus rustiques. Le citoyen, n'ayant de liberté qu'entre ses quatre murs, se tourna donc vers son confort et son bien-être domestique. Son appartement étant exigu, il opta pour des meubles de

petite taille : consoles, tables à ouvrage, coiffeuses, vitrines d'angle qu'il remplit de bibelots et surtout de verres à pied, de tasses à chocolat et autres productions de la Manufacture impériale. Pour pouvoir s'adonner à ses nouvelles occupations (broderie, lecture, dessin, violon) au sein d'une même pièce, il regroupa les meubles de manière à créer des *Wohninsel*, des « îlots d'activité ».

Mobilier et décoration

Les ébénistes multiplièrent commodes et sièges en bois fruitiers, incrustés de citronnier ou de sycomore. Les tapissiers privilégièrent les étoffes à fleurs, les plissés et les bouillonnés, les tons chamois, bleu, rose, argent, et suivirent de près les caprices de la mode. À la fin des années 1820, les plus coquettes s'engouèrent pour la « mode à la girafe » (il faut dire qu'une girafe venait tout juste d'arriver, pour la première fois, au zoo de Vienne). On se mit donc à porter des robes, des gants, des pendentifs et des tabatières à motifs de girafe. Au début des années 1830, on délaissa les girafes pour les chinoiseries : la bourgeoisie viennoise découvrit alors les négligés « à la mandarin » et les manteaux constellés de pagodes…

Le petit format

Mais le « système Metternich » eut aussi des répercussions dans le domaine de la peinture : soucieux d'éviter tout sujet mythologique ou religieux, les artistes avaient renoncé au monumental et aux effets dramatiques pour se cantonner dans les scènes de genre et les petits paysages.

Josef Danhauser, Peter Fendi, Franz Steinfeld et Ferdinand Georg Waldmüller, dont l'œuvre de jeunesse peut être qualifiée de Biedermeier, ont laissé des tableaux de fleurs, des compositions touchantes et paisibles, des portraits d'enfants et surtout de superbes images de la nature autrichienne – une nature dont ils prirent soin, bien sûr, de gommer les contours trop bruts ou trop sauvages…

PETIT GUIDE DU BIEDERMEIER

On trouve de superbes meubles et objets des années 1815-1848 au **MAK** (p. 50), des reconstitutions d'intérieurs ainsi qu'une quantité industrielle de sièges au **Hofmobiliendepot** (p. 57), sept pièces entièrement décorées dans le goût de l'époque au **Geymüller Schlößl** (Khevenhüllerstraße 2, HP par A1 ; tram 41 arrêt Pötzleinsdorf ; ☎ 711 36 231 ; vis. de mai à nov. sam.-dim. 11h-18h ; entrée plein tarif : 7,90 €) et tout une exposition spéciale « Biedermeier » au **Stadtpalais Liechtenstein** de la Bankgasse (p. 67).

Habsbourg : le *who's who*

« Il appartient à l'Autriche de commander le monde entier » – *Austriae Est Imperare Orbi Universo*, autrement dit AEIOU –, telle est la devise de la dynastie des Habsbourg qui, pendant plus de six cents ans (1278-1918), exerça son autorité sur l'Europe centrale et dont la saga mouvementée fait aujourd'hui recette, par la grâce du cinéma (sous les traits de Romy Schneider) et des expositions commémoratives. Une « habsbourgmania » savamment entretenue, à laquelle il est parfois difficile d'échapper…

Marie-Thérèse

La plus grande figure de l'histoire autrichienne et la première impératrice à monter sur le trône du Saint Empire fut Marie-Thérèse. Elle a consacré les 40 années de son règne (1740-1780) à jeter les bases d'un État moderne, unifié et centralisé – tâche peu aisée, quand on sait la formidable diversité culturelle, religieuse, ethnique et linguistique de l'Europe centrale. Elle commença par fonder une école militaire et un lycée (le Theresianum, Favoritenstraße 15, C5) chargé de former les futurs cadres de la bureaucratie, développa les manufactures, rénova la faculté de médecine, abolit la torture, garantit les anciens privilèges de la noblesse hongroise et trouva le temps de mettre au monde seize enfants, dont Marie-Antoinette (qui devint reine de France en épousant Louis XVI) et Joseph II…

Joseph II

Ce train de réformes que sa mère avait mis en place avec justice et clémence, Joseph II (1780-1790) le reprit à son compte d'une manière plus musclée et plus *radikal*. Certes, il abolit le servage, fonda l'Hôpital général, ouvrit le parc du Prater au

public, décréta l'instruction obligatoire, même pour les jeunes filles, et promulgua un édit de tolérance qui accordait aux juifs et aux protestants le libre exercice de leur religion. Mais sa politique, peu soucieuse des spécificités nationales, s'est surtout attachée à niveler et à centraliser (certains historiens comparent son court règne à un rouleau compresseur). En imposant l'allemand comme langue administrative, il a suscité bien des rancœurs au sein de l'aristocratie et de l'intelligentsia hongroises.

Sissi

Élisabeth, surnommée Sissi, n'était pas une Habsbourg mais une Wittelsbach de Bavière. Elle entra dans l'histoire de la dynastie le jour où, tout juste âgée de 16 ans, elle épousa (1854) le fils de sa tante, l'empereur François-Joseph, *alias* « Franzi ». Toute l'Europe a alors chanté la beauté de cette jeune femme spontanée au teint de rose, bien trop émancipée pour une ville aussi formelle que Vienne. Tel un « papillon qui se cogne contre les vitres », elle s'est aussitôt heurtée à l'étiquette et à la raideur de la Cour, qui lui a longtemps reproché ses sympathies pour la Hongrie. Rongée par les luttes incessantes avec sa belle-mère, qui lui retira ses enfants pour mieux se charger de leur éducation, et par les drames successifs – la mort de sa petite fille, la noyade de son cousin Louis II de Bavière, le suicide de son fils Rodolphe dans le pavillon de chasse de Mayerling (1889) –, elle finit par se replier sur elle-même et par entreprendre de mélancoliques voyages entre Budapest, Corfou et Madère avant d'être assassinée à Genève par un anarchiste italien (1898).

LES APPARTEMENTS IMPÉRIAUX

Au palais de la Hofburg (voir aussi p. 52-53), les appartements de Marie-Thérèse et de Joseph II sont aujourd'hui occupés par les bureaux du président de la République. Ceux de François-Joseph et de Sissi, en revanche, sont ouverts au public. Au total : 22 pièces – cabinets de travail, chambres à coucher, salles d'audiences – décorées de lambris dorés et de stucs crème. À voir surtout pour les portraits de la jeune impératrice qui pratiquait la gym, au grand déplaisir de sa belle-mère, pour conserver une taille de guêpe (46 kg pour 1,72 m).

Kaiserappartements, entrée : Michaelerkuppel (G7)
☎ 533 75 70 – T. l. j. 9h-17h30 – Entrée plein tarif : 10,50 €.

Zita

Autre destin hors du commun, celui de Zita de Bourbon-Parme (1892-1989), dernière impératrice d'Autriche. En 1911, Zita avait épousé un petit-neveu de l'empereur François-Joseph, le jeune Charles de Habsbourg. Or, après la mort de l'archiduc François-Ferdinand, criblé de balles par un anarchiste serbe à Sarajevo (1914), et la mort du vieux François-Joseph (1916), c'est à Charles que revint la lourde tâche de gouverner l'empire très ébranlé par la guerre. Il ne régna que deux ans. Contraint de s'exiler avec sa courageuse épouse qui avait tenté d'engager des pourparlers de paix, il refusa d'abdiquer et mourut à Madère en 1922. Zita continua seule, dans un grand dénuement, à élever ses enfants. Ce n'est qu'à l'âge de 90 ans, après 63 années d'exil, qu'elle fut autorisée par la République à poser de nouveau le pied sur le sol viennois…

Visiter **mode d'emploi**

Se déplacer

En métro, tram et bus

Côté transport, vous n'avez que l'embarras du choix : il existe 83 lignes de bus, des *Schnellbahn* (sorte de RER), 32 lignes de trams et 5 lignes de métros (*U-Bahn*) qui circulent de 5h à 0h30, des *City-bus* qui desservent le 1er arr. aux heures d'ouverture des magasins, et des bus de nuit qui sillonnent la ville les ven. et sam. de 1h à 4h au départ de Schwedenplatz (I6). Côté tarif, aussi : vous pouvez opter pour le ticket à l'unité (2 €) ou une formule plus intéressante comme la *Wien-Karte* (voir encadré p. 39), la *24 Stunden Wien-Karte* (6,70 € les 24h) et la *72 Stunden Wien-Karte* (14,50 € les 72h), valables sur tous les transports publics du réseau. L'amende est nettement plus élevée : 67,80 €. Notez qu'il n'y a pas besoin, en cas de changement, de composter un nouveau ticket et que les enfants de moins de 6 ans voyagent gratuitement. Tickets et forfaits s'achètent aux distributeurs automatiques et aux guichets des *Wiener Linien*. Rens. auprès des **Informationsstellen** (ceux des stations Stephansplatz, Karlsplatz et Westbahnhof sont ouverts lun.-ven. 6h30-18h30, sam.-dim. 8h30-16h) ou au ☎ 7909 100.

En taxi

Les Viennois n'ont pas l'habitude de héler les taxis dans la rue. Ils préfèrent les attendre sagement à la station, ou les commander par téléphone (☎ 31300, 40100 ou ☎ 60160). Les taxis, qui sont souvent des Mercedes blanches, sont tous équipés d'un taximètre. Une petite course dans la City n'excède pas les 12 €, mais le prix est majoré la nuit (23h-6h), les dim. et jours fériés. Prévoyez un supplément pour les taxis réservés par téléphone (2,50 €) et pour les courses entre l'aéroport et l'agglomération viennoise (12 €).

En fiacre

Plus pittoresques mais plus chers, les fiacres stationnent à côté de la cathédrale, sur la Heldenplatz (G7) et l'Albertinaplatz (H7-8). Le tarif est fonction du parcours et de la distance (comptez environ

SE REPÉRER

Retrouvez chacune des balades du chapitre Visiter sur la carte générale de la ville et sur le zoom placés en fin de guide grâce aux repères qui vous sont indiqués (sauf les balades 11 et 16 situées p. 62 et p. 72).

40 € les 20 min). Il convient donc de débattre du prix avec le cocher avant le départ.

À bicyclette

Les nostalgiques de la petite reine n'ont qu'à bien se tenir : il y a déjà 1 000 km de pistes cyclables à Vienne et la municipalité envisage d'aménager 300 autres km dans les 10 ans à venir.
En plus, ils peuvent prendre le métro avec leur monture, du lun. au ven. 9h-15h et après 18h30, le sam. dès 9h, le dim. toute la journée, moyennant un ticket demi-tarif. Mais ce n'est pas tout : depuis 2003, la municipalité met à la disposition du public 1 500 vélos (« Citybikes »), gratuits la première heure, sur inscription (1 €) : Herrengasse 1-3 (G7), t. l. j. 9h-11h30 et 13h-18h, ☎ 0810 500 500, www.citybikewien.at
Location de vélos :

Pedal Power
Ausstellungsstraße 3 (E2)
☎ 729 72 34
www.pedalpower.at
T. l. j. 8h-18h, f. nov.-mars.

Radhaus Singer
Reichsratstraße 13 (C2)
☎ 406 21 43
Lun.-ven. 10h-18h30, sam. 10h-15h.

LA *WIEN-KARTE*

Cette carte vous permet d'emprunter, pendant 72h, tous les transports publics de Vienne et de bénéficier de tarifs réduits dans les musées comme le Jüdisches Museum (- 38 %), mais aussi dans certains magasins, spectacles et visites guidées. Elle est en vente au prix de 18,50 €, dans les bureaux d'information touristique et aux guichets des *Wiener Linien* (Stephansplatz, Karlsplatz, gare de l'Ouest, Wien Mitte…) : **www.wienkarte.at**

Bien se garer

Il existe une vingtaine de parkings couverts dans la City (1er arr.), mais le prix est élevé (4 € pour 1h) et le nombre de places reste insuffisant. Si vous préférez vous garer « en surface », sachez que la City et les arrondissements limitrophes (4e, 5e, 6e, 7e, 8e, 9e) sont des zones à stationnement limité, du lun. au ven., de 9h à 22h. Il vous faudra placer un *Parkschein* (bon de stationnement) à l'intérieur de la voiture, face au pare-brise. Ces tickets, qui s'achètent dans les bureaux de tabac, les gares et aux guichets des transports publics, coûtent 0,60 € pour 30 min, 1,20 € pour 1h, 1,80 € pour 1h30. Si votre hôtel se situe dans le 4e, 5e, 6e, 7e, 8e ou 9e arr. et ne dispose pas d'un parking ou d'un garage, demandez une *Parkkarte* à la réception (4 €). Elle vous permettra de stationner toute la journée dans cette zone.
Attention : les contrôles sont rigoureux et les amendes assez élevées ! Veillez à ne pas vous garer, un soir d'hiver, dans une rue desservie par le tram : le chasse-neige déblaie les rails dès l'aube et vous risquez fort de retrouver votre véhicule à la fourrière.
Parkings couverts : MuseumsQuartier, Museumsplatz 1 (C3, 980 places) ; Parkgarage Am Hof (G6, 600 places) ; Garage Freyung (G6, 693 places) ; Tiefgarage Rathauspark, Dr. Karl-Lueger-Ring (G6, 570 places) ; Tiefgarage Franz-Josefs-Kai, Morzinplatz 1 (H6, 850 places) ; Garage Hoher Markt, Sterngasse 5 (H6, 120 places) ; Kärntnerstraße Tiefgarage, Kärntner Straße 51 (H8, 540 places).
www.parkeninwien.at

Comment téléphoner ?

Pour appeler la France depuis Vienne, il suffit de composer le 0033 suivi du numéro de votre correspondant sans le 0 initial. Depuis la France vers Vienne, il faut composer le 0043 puis l'indicatif de la ville sans le 0 initial, soit pour Vienne le 1. Pour appeler depuis Vienne une autre ville d'Autriche, il faut composer l'indicatif de la ville au complet, y compris le 0 initial. Inversement, pour appeler Vienne depuis une autre ville d'Autriche, composez le 01. Vous pouvez bien sûr téléphoner de votre chambre d'hôtel, mais le prix des communications est fortement majoré. Il est plus avantageux d'appeler depuis une cabine téléphonique à carte. Des cartes (*Wertkarten*), au prix de 5, 10 ou 15 €, sont en vente dans les tabacs et les bureaux de poste. Pour envoyer un e-mail : **Surfland**, Krugerstraße 10 (H8) ; t. l. j. 10h-23h ; www.surfland.at ; tarif : 4,40 € les 60 min.

Votre courrier

On trouve des timbres (*Briefmarken*) dans les tabacs et les bureaux de poste. Ceux-ci sont ouverts du lun. au ven. de 8h à 12h et de 14h à 18h. Seuls les guichets automatiques du *Hauptpostamt* (grande poste), situé au Fleischmarkt 19 (I6), M° Schwedenplatz, sont ouverts t. l. j. 24h/24. Tarif du courrier à destination

des autres pays de l'Union européenne : 0,65 € pour une carte postale ou pour une lettre jusqu'à 20 g. L'acheminement est rapide : comptez 3 à 4 jours pour la France.

Où changer de l'argent ?

Vous pouvez changer vos devises étrangères et acheter des forins hongrois ou des couronnes tchèques dans les banques du lun. au ven. de 8h à 15h, le jeudi jusqu'à 17h30. En dehors de ces heures d'ouverture, il faut recourir aux services des *Wechselstuben* (bureaux de change) des gares, de l'aéroport, du City Air Terminal ou de la grande poste, qui pratiquent des taux moins intéressants.

Offices de tourisme

Wiener Tourismusverband, c'est le nom de l'office de tourisme viennois. Son bureau général se situe de l'autre côté du canal du Danube, dans le 2ᵉ arrondissement. Il ne reçoit pas de visiteurs mais répond à toutes vos questions : ☎ 24 555, Ⓕ 24 555 666, info@wien.info
Il existe bien sûr une antenne au cœur de la ville, derrière l'Opéra, sur l'Albertinaplatz, à l'angle de la Maysedergasse (H7-8), ouverte t. l. j. 9h-19h. Ses hôtesses pourront vous donner des prospectus, des plans ainsi que des renseignements sur les différentes manifestations culturelles, les hôtels, restaurants et *Heurigen*.

Visites guidées

À pied

L'association **Wiener Spaziergänge** propose des visites à thème, d'une durée de 1h30, en anglais ou en allemand, sous la conduite d'un conférencier agréé ou d'un accompagnateur amoureux de Vienne qui saura vous en faire découvrir les charmes les plus cachés.

ADRESSES UTILES

- **Ambassade de France**
  Technikerstraße 2 (D4)
  ☎ 502 75 0.
- **Consulat de France** (H6)
  Wipplingerstraße 24-26
  ☎ 502 75 200
- **Institut français de Vienne** (B1)
  Währingerstraße 30-32
  ☎ 502 75 300.
- **Urgences**
  Pompiers : ☎ 122.
  Police : ☎ 133.
  Ambulance : ☎ 144.
  SOS Médecins : ☎ 141.
  Pharmacie : ☎ 1550.
  Dentiste : ☎ 512 20 78.
- **Dépannage routier**
  Arbö : ☎ 123.
  Öamtc : ☎ 120.
- **Objets trouvés**
  Bureau central, Fundamt
  Bastiengasse 36-38
  (HP par A1)
  ☎ 4000 8091
  www.fundamt.at

Il n'est pas nécessaire de réserver. Pour tout connaître de l'occultisme à la Cour, de l'héritage juif ou de la Vienne souterraine, il vous suffit de vous présenter à l'heure au lieu de rendez-vous figurant sur le dépliant **Wiener Spaziergänge** (☎ 489 96 74 ou ☎ 664 260 43 88, www.wienguide.at) disponible à l'office de tourisme. Participation : 14 €, billet d'entrée des monuments non compris.

En bus

Pour ceux qui préfèrent les balades en bus, **Sightseeing Tours** organise des tours guidés, en français, de la capitale *by night* et de la forêt viennoise, ainsi qu'un circuit sur les traces de Sissi. Durée : entre 3h et 4h. Départ de l'Opéra à 9h45 (19h15 pour le **Wien bei Nacht**). Prix : à partir de 39 €. Autre possibilité : pour 20 €, vous pouvez emprunter autant de fois que vous le souhaitez pendant 24h (27 € pour 48h), le bus *hop-on hop-off* qui s'arrête, entre autres, à l'Opéra, au Prater et au Belvédère. Renseignements : Goldeggasse 29 (D5), ☎ 712 46 830, www.viennasightseeing.at

En tram

Depuis 2009, un tram jaune paille – le **Vienna Ring Tram** (VRT) – caracole le long du Ring au départ de la Schwedenplatz (I6), t. l. j. de 10h à 18h, jusqu'à 19h en juil.-août. Le ticket est onéreux (9 € ; 5 € pour les enfants) mais on peut l'emprunter autant de fois qu'on le souhaite pendant 24h. Et le tour est commenté en français sur fond de valse : appuyez sur la touche 105 !

Forfaits musées

Le billet d'entrée des sites et monuments varie entre 5 et 10-12 € mais les étudiants, enfants et seniors bénéficient d'un tarif réduit et plusieurs musées proposent des pass à des prix intéressants. Le **Sisi Ticket** (23,50 €) donne accès aux appartements impériaux de la Hofburg, au musée Sissi, à la Silberkammer, au Hofmobiliendepot et au château de Schönbrunn. Le **Masterticket** à 19 € vaut pour la visite du KHM et du musée Leopold. Pour 25 €, le **MQ Kombi Ticket** vous ouvre presque toutes les portes du MuseumsQuartier. Enfin, il existe un pass **Trésors des Habsbourg** à 18 € pour le KHM et la Schatzkammer et un autre à 17 € pour la Mozarthaus et la Haus der Musik. Attention : la plupart des musées sont fermés le lun. ou le mardi et les jours fériés (voir encadré p. 10) !

ENTRÉE LIBRE !

On peut accéder gratuitement aux collections permanentes de tous les musées municipaux le premier dim. de chaque mois (www.wienmuseum.at) et au Museum für angewandte Kunst *alias* MAK tous les sam. (p. 50). Le 26 oct., jour de la fête nationale, plusieurs monuments de Vienne font « portes ouvertes ». L'accès aux jardins et parcs de la ville est libre en toutes saisons. La première heure de Citybike (p. 39) est toujours gratuite et de mi-janv. à mi-mars, les enfants patinent à l'œil sur la place de hôtel de ville… D'autres « bons plans » sur **www.wien-konkret.at/veranstaltungen/gratisevents**

Voir plan détachable
D2-3 et zoom H6-7

Pour les restaurants, les cafés et le glacier reportez-vous aux p. 92, 94 et 98, quartier Cathédrale et synagogue.

Entre cathédrale et synagogue

Il suffit de franchir les quelques ruelles qui séparent la cathédrale (*Steffl*) de la synagogue (*Stadttempel*) pour entrevoir un pan de la ville médiévale. La première, symbole de Vienne, est le plus grand édifice gothique de toute l'Autriche. La seconde, obéissant aux décrets de Joseph II, qui avait des idées très arrêtées en matière de lieux de culte, se cache à l'intérieur d'un immeuble discret. Entre elles deux, un chapelet… de boutiques.

❶ Stephansdom★★

Stephansplatz
☎ 515 52 35 26
Lun.-sam. 6h-22h, dim. 7h-22h
Accès libre sf ascenseur de la tour nord : 4,50 €
Voir « Zoom sur » p. 74.

Sous les toitures polychromes de la cathédrale Saint-Étienne se cachent deux joyaux qui donnent une idée de la richesse de Vienne aux XVIe et XVIIe s. : le maître-autel de Tobias Pock et la chaire d'Anton Pilgram, véritable dentelle de pierre avec ses salamandres, symboles du Bien, pourchassant de vilains crapauds, incarnations du Mal. Le sculpteur s'est représenté sous les bustes des Pères de l'Église, ainsi que sur le pied de l'orgue.

❷ Mozarthaus★★

Domgasse 5
☎ 512 17 91
www.mozarthausvienna.at
T. l. j. 10h-19h
Entrée plein tarif : 10 €.

Cabinet de travail ou chambre à coucher ? On ne sait pas bien comment était aménagé l'appartement où Mozart vécut de 1784 à 1787. Le musée qui s'est ouvert ici sur 3 étages et qui évoque les années viennoises du compositeur, alors au sommet de sa carrière, est donc un peu… virtuel. Mais la musique est partout (et c'est bien

là l'essentiel). Jusque dans l'audioguide : pour entendre le *Requiem*, tapez 270 !

❸ Manner★

Stephansplatz 7
☎ 513 70 18
T. l. j. 10h-21h.

Il paraît qu'Arnold Schwarzenegger a fait dans *Terminator 3* la promo des *Manner Schnitten*, ces gaufrettes au nougat que la chocolaterie viennoise – fondée en 1890 par Josef Manner – exporte aujourd'hui dans le monde entier, emballées de rose. Vous trouverez également ici d'autres produits, moins connus mais tout aussi gourmands : de la *Glasur* (1,89 €) pour napper vos gâteaux, du pain d'épice enrobé de chocolat…

❹ Römermuseum★★

Hoher Markt 3
☎ 505 87 47 0
www.wienmuseum.at
Mar.-dim. 9h-18h
Entrée plein tarif : 4 €.

Figurez-vous que les Romains ont occupé Vienne pendant 350 ans ! Ce musée, qui n'a vraiment rien d'ennuyeux, vous dira tout sur Vindobona aux II-IIIe s. apr. J.-C. : à quoi ressemblait la ville ? Quel était le quotidien des 6 000 légionnaires qui campaient entre Graben et Schwedenplatz ? Grâce aux archéologues qui ont analysé les… poubelles de la garnison, on sait même ce que l'on y mangeait !

❺ Ankeruhr★★

Hoher Markt 10-11.

Arrêtez-vous un instant devant la curieuse horloge de Franz von Matsch (1914) pour assister au défilé des personnages qui ont

marqué l'histoire de la ville. Les couche-tard verront passer Charlemagne à 2h du matin. Les autres retrouveront l'impératrice Marie-Thérèse à 11h. À midi, tous les automates font un nouveau tour de manège sur fond musical.
En décembre, chants de Noël à 17h et 18h.

❻ BERMUDA-DREIECK★

Le « Triangle des Bermudes » : c'est ainsi que l'on surnomme ces trois rues de l'ancien ghetto qui attiraient au début des années 1980 des flots de noctambules en mal de bière. La faune s'est déplacée, mais le quartier a conservé quelques bars (p. 134-135) et restaurants à côté de Saint-Rupert – la plus vieille église de la ville – et de la synagogue, la seule qui ait échappé à l'effroyable nuit de Cristal (1938).

Ruprechtsplatz, Seitenstettengasse, Rabensteig.

2

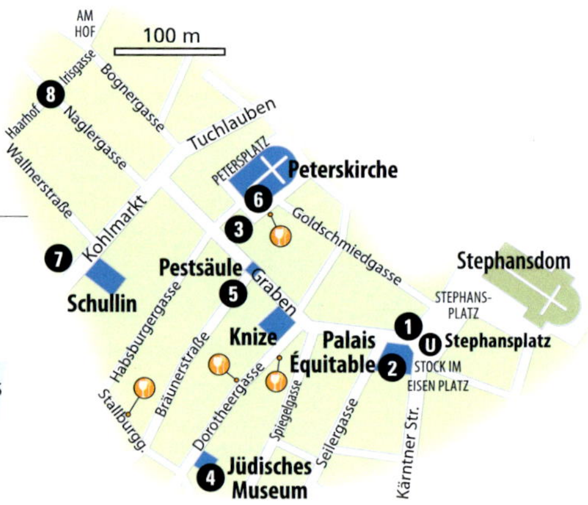

Voir plan détachable
C3/D3 et zoom G7/H6-7

Pour les restaurants et les cafés reportez-vous aux p. 94, 95, 98 et 99, quartier Graben.

Autour du Graben,
luxe et distinction

Tout a commencé au Moyen Âge, lorsqu'on remblaya le Graben, l'ancien fossé du camp romain, pour y bâtir tout autour des maisons plutôt cossues. Aujourd'hui se sont glissées parmi les dignes boutiques de la place, membres du cercle fermé des anciens fournisseurs de la Cour, quelques façades neuves assez audacieuses – Knize, Schullin – édifiées par d'éminents architectes. Voilà un habile jeu de cache-cache qui fait le charme du Graben et invite à la flânerie.

❶ Haas-Haus★★

Stock-im-Eisen-Platz 4.

Dans la famille « constructions controversées », la maison Haas tient assez bien la route. Conçue par l'architecte vedette Hans Hollein (1990), cette tour asymétrique, tout en verre et marbre, permet pourtant à la fois d'embrasser le Graben d'un seul regard, depuis le restaurant panoramique du 7e étage (Do & Co, t. l. j. 12h-15h et 18h-minuit), de siroter un thé à la turque (5 € ; Onyx Bar au 6e) et de dormir dans une chambre ultra-design (Do & Co Hotel, ☎ 24 188, www.doco.com).

❷ Palais Équitable★★

Stock-im-Eisen-Platz 3.

Ce gros immeuble, qui devait servir d'écrin à une compagnie

d'assurances new-yorkaise (Equitable), constitue une parfaite illustration du goût de l'establishment viennois à la fin des années 1880 pour les styles historiques, le monumental, le néobaroque et, disons-le, la « frime ». Sa cage d'escalier est l'une des plus spectaculaires de la ville.

❸ Zur Schwäbischen Jungfrau★★

Graben 26
☎ 535 535 6
Lun.-ven. 10h-18h30, sam. 10h-17h.

Deux raisons de pousser la porte de la « Vierge souabe » : 1°) elle a 287 ans ! 2°) Madame Vanicek y vend avec le sourire et sur deux étages du linge de maison haut de gamme. Si le prix de la housse de couette en satin brodé façon Marie-Thérèse ou du peignoir Jesurum vous paraît prohibitif, sachez qu'elle vend aussi des sets Beauvillé à 18 € !

❹ Jüdisches Museum★★★

Dorotheergasse 11
☎ 535 04 31
www.jmw.at
Dim.-ven. 10h-18h
Entrée plein tarif : 10 €.
Aussi émouvantes qu'instructives, les expositions du Musée juif, installé dans le palais Eskeles, ont aussi le mérite d'embarrasser les quelques amnésiques qui préféreraient oublier qu'en 1938, 99 % des Autrichiens votèrent en faveur de l'annexion au Reich.

❺ Pestsäule★

Graben.
Leopold Ier avait fait vœu d'ériger une colonne de la peste, au milieu de la place, dès la fin de l'épidémie qui coûta la vie à plusieurs dizaines de milliers de Viennois. C'est Johann Bernhard Fischer von Erlach, l'auteur de toutes ses effusions baroques (1698), qui a prêté au fléau les traits d'une vieille femme fripée.

❻ Peterskirche★★

Petersplatz
www.peterskirche.at
Lun.-ven. 7h-20h, sam.-dim. 9h-21h ; concerts gratuits lun.-ven. 15h, sam.-dim. 20h.
Entrez dans cette modeste imitation baroque de la basilique Saint-Pierre de Rome (1708) et laissez-vous surprendre par l'exubérante chaire de Mathias Steinl, par la fresque qui tapisse la coupole, chef-d'œuvre de Johann Michael Rottmayr, et par le *Martyre de saint Jean Népomucène*, patron de la Bohême, devant lequel, dit-on, l'impératrice Élisabeth aimait à se recueillir…

❼ Demel★★★

Kohlmarkt 14
☎ 535 17 17
www.demel.at
Lun.-dim. 9h-19h
Voir « Zoom sur » p. 75.
Élisabeth se recueillait-elle à la Peterskirche après ou avant d'avoir acheté ses langues-de-chat chez Demel ? L'histoire ne le dit pas. Ce que les Viennois ont surtout retenu, c'est que ce prestigieux confiseur, qui s'applique à les régaler depuis plus de 200 ans, appartenait il y a peu à une banque… allemande. Mais rassurez-vous : cela n'a aucune incidence sur le goût de sa *Sachertorte* ! Livraison dans le monde entier (21,70 € la taille 3).

❽ NAGLERGASSE★★

Si vous êtes fatigué des chichis du Graben, essayez la Naglergasse. Cette rue piétonne et intime, qui a conservé de jolies façades baroques ornées de bas-reliefs et d'angelots, pratique un shopping moins affecté, entre un *Stadtbeisl* au n° 13 (Hopferl, t. l. j. 11h-23h30) et un *Stadtheuriger* (voir p. 23) rustique à souhait depuis 1683 : l'Esterházykeller (Haarhof 1, www.esterhazykeller.at, t. l. j. 11h-23h).

3

Voir plan détachable
C3/D3 et zoom H7

Pour les restaurants, le fast-food et le café reportez-vous aux p. 95 et 99, quartier Kärntner Straße.

De part et d'autre de la Kärntner Straße

La Kärntner Straße, qui jadis conduisait en Carinthie – *Kärnten* – et au port de Trieste, a toujours été l'artère commerçante du centre-ville : marchands et aubergistes y ont pignon sur rue depuis le XIIe s. Aujourd'hui, elle est sans doute un peu moins chic qu'à la veille de la Première Guerre mondiale, mais elle est exclusivement piétonne. Raison de plus pour s'offrir une petite incursion dans les rues adjacentes, entre le Neuer Markt et la Franziskanerplatz.

❶ Dorotheum

Dorotheergasse 17
☎ 515 60 200
Lun.-ven. 10h-18h, sam. 9h-17h.

On vend de tout dans cette « salle des ventes mont-de-piété » : des chandeliers Empire, des vases Gallé, de précieux timbres, mais aussi des armes, des uniformes et des hélicoptères. Les enchères débutent généralement à 14h (calendrier disponible sur place et sur le web : www.dorotheum.com).

❷ Theatermuseum★

Lobkowitzplatz 2
☎ 525 24 34 60
www.theatermuseum.at
Mer.-lun. 10h-18h
Entrée plein tarif : 8 €.
La visite du musée du Théâtre autrichien est surtout l'occasion de voir d'un peu plus près l'intérieur d'un palais viennois (1687). À côté de la salle Eroica, où fut

donnée pour la première fois la *Symphonie héroïque* de Beethoven, une petite pièce est consacrée aux marionnettes de Richard Teschner (1879-1948).

❸ Kaisergruft (Kapuzinerkirche)★★

Tegetthoffstraße 2
☎ 512 68 53 16
www.kaisergruft.at
T. l. j. 10h-18h
Entrée plein tarif : 5 €.

Les Habsbourg avaient l'insigne « privilège » d'être disséqués après leur mort. Leur dépouille était ensuite dispersée entre le Stephansdom (les viscères), l'Augustinerkirche (le cœur) et cette crypte de l'église des Capucins où sont conservés les corps de 139 membres de la dynastie, d'Anne (†1618) à Otto (†2011). Ne manquez pas le délirant sarcophage de l'impératrice Marie-Thérèse, en forme de lit de parade rococo.

❹ Donnerbrunnen*

Neuer Markt.

La même Marie-Thérèse détestait cette fontaine, qui est pourtant la plus gracieuse de Vienne : choquée par leur nudité, elle avait fait enlever de la margelle les quatre statues qui représentent quatre affluents du Danube. L'une d'entre elles tourne ostensiblement les fesses vers les fenêtres d'un commanditaire dont le sculpteur, Georg Raphael Donner, voulait se venger.

❺ Gigerl**

Blumenstockgasse 2
☎ 513 44 31
www.gigerl.at
Lun.-ven. 15h-1h, sam. 15h-2h, dim. 15h-1h
Menu du jour : 6,90 €.

Vous pourrez vous y reposer de l'agitation fébrile de la rue tout en soignant l'épicurien qui sommeille en vous : Gigerl – comme l'indique la brassée de branches de pin accrochée au-dessus de la porte – est un *Stadtheuriger*. L'usage veut que vous alliez chercher vous-même au buffet les petits plats, froids ou chauds, qui accompagneront votre dégustation de vins frais et légers des dernières vendanges.

❻ Haus der Musik***

Seilerstätte 30
☎ 513 48 50
www.hausdermusik.at
T. l. j. 10h-22h
Entrée plein tarif : 11 €
Voir « Zoom sur » p. 76.

Même si vous n'êtes pas d'humeur à pianoter sur une console ou à titiller un arbre à sons, prenez le temps de visiter les 5 000 m² de ce palais sensoriel : il vous rappellera que Vienne est toujours un haut lieu de la musique. Et comme c'est interactif et ludique en diable, vous pourrez en profiter pour produire votre propre CD et diriger *Le Beau Danube bleu*. Mais attention, la patience de l'orchestre a ses limites…

❼ BALLGASSE 4***

Cette maison, construite en 1780 autour d'une cour intérieure, est l'un des joyaux de la vieille ville. Très habilement réhabilitée en 1998, elle accueille aujourd'hui ateliers et galeries. Les Hegenbart, menuisiers depuis cinq générations, y restaurent meubles et miroirs, l'orfèvre Christian Köhler y expose ses bijoux et Andreas Franek, ses lustres.

☎ 513 13 31 / 512 05 75
Mer. et ven. 15h-18h, sam. 12h-16h.

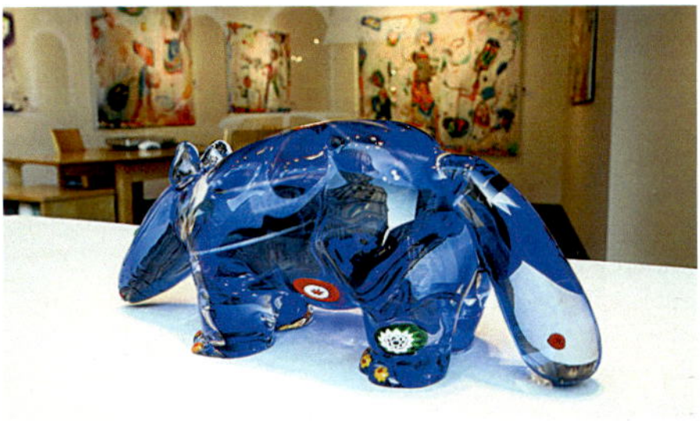

4

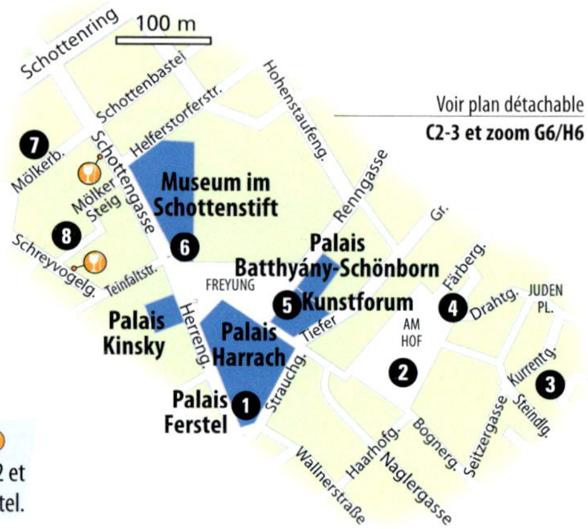

Voir plan détachable **C2-3 et zoom G6/H6**

Pour les restaurants reportez-vous aux p. 92 et 93, quartier palais Ferstel.

Du côté du palais Ferstel

Longtemps, ce quartier fut l'une des adresses les plus élégantes et les plus aristocratiques de Vienne. Vous aurez tout loisir de le vérifier en feuilletant les façades baroques des palais des Harrach, Batthyány-Schönborn, Kinsky et autres conseillers privés de Sa Majesté, qui ne s'imaginaient sans doute pas qu'un dénommé Lev Bronstein, dit « Trotski », pourrait un jour avoir ses habitudes dans le café si sélect du palais Ferstel.

❶ Café Central★★★

Herrengasse 14
☎ 533 37 63 24
www.cafecentral-wien.at
Lun.-sam. 7h30-22h, dim. 10h-22h
Le midi (lun.-ven.), menu à 9,60 €.

Café mythique s'il en est, le Central, situé à l'intérieur du **palais Ferstel**, connut ses heures de gloire dans les années 1900, grâce aux intellectuels de l'avant-garde viennoise qui y avaient leur place attitrée. La clientèle est désormais plus touristique que littéraire, mais on peut encore y déguster une *Palatschinke* à l'abricot (5,90 €) en admirant les frises d'étoiles et les chapiteaux fleuris.

❷ Am Hof★

« À la Cour » : c'est ainsi que les Viennois appellent cette place depuis que Henri Jasomirgott de Babenberg, premier duc d'Autriche, y édifia sa résidence au XIIe s. Am Hof est aujourd'hui dominée par la façade baroque de l'église jésuite, œuvre de

Carlo Antonio Carlone (1662), et par une colonne dont les angelots symbolisent les quatre fléaux qui frappèrent Vienne : la guerre, la peste, la famine et l'hérésie.

❸ Kurrentgasse★★★

On a beau jouer les blasés, cette ruelle, bordée de maisons du XVIIIe s., reste l'une des plus adorables de la ville, avec ses badigeons rose bonbon, ses statues et ses volutes. Elle débouche sur la Judenplatz, cœur du ghetto médiéval (1294-1421), où l'on a exhumé en 1995 les vestiges d'une synagogue.

❹ Alpe Adria Weinhandlung★

Am Hof 11
☎ 535 16 55
www.weinamhof.at
Lun.-ven. 10h-19h (jeu. jusqu'à 20h), sam. 10h-16h.

Le Carinthien Hannes Tschemernjak est un caviste passionné qui approvisionne les Viennois, à prix de gros, en bons vins du terroir. Il a une sélection très pertinente de crus du Burgenland (comme le pinot noir Heinrich Gernot du lac de Neusiedl) et de Styrie méridionale (le morillon de Manfred Tement à 32,90 €), mais il garde un petit faible pour les cépages de sa région,

entre Alpes et Adriatique. Et on ne va pas lui en vouloir ! Livraison à domicile dans toute l'Europe.

❺ Kunstforum★

Freyung 8
☎ 537 33 26
www.bankaustria-kunstforum.at
T. l. j. 10h-19h (21h le ven.)
Entrée plein tarif : 9 €.

Depuis 1989, la Bank Austria présente ici des expositions temporaires liées à l'art des XIXe et XXe s. : certaines un peu passe-partout, comme « Les chefs-d'œuvre du Guggenheim », d'autres plus inédites, consacrées à des artistes expressionnistes que l'on voit trop peu en France, tels Emil Nolde et Ernst-Ludwig Kirchner.

❻ Museum im Schottenstift★

Freyung 6
☎ 534 98 600
www.schottenstift.at
Mar.-sam. 11h-17h
Entrée plein tarif : 5 €
Vis. guidée le sam. à 14h30.

Ne vous fiez pas aux apparences : les sobres façades classiques (1832) de ce monastère bénédictin que l'on appelle « des Écossais » – bien qu'il ait été fondé pour accueillir des moines irlandais – masquent deux belles salles baroques, une collection de natures mortes hollandaises et de précieux retables du XVe s.

❼ Demmers Teehaus★★

Mölkerbastei 5
☎ 533 59 95
Lun.-ven. 10h-18h, sam. 9h30-13h30 ; f. juil.-août.

Dans cette élégante maison de thés, dont la déco tout en teck et en bois de santal a été conçue par l'architecte Luigi Blau en 1981, vous pourrez goûter 150 variétés différentes de thés et quelques spécialités maison, comme le *wiener Apfelstrudel* et l'*Obstgarten* (3,90 €). À marier avec un gâteau ou un *tramezzini*.

❽ DREIMÄDERLHAUS★

La rumeur laisse entendre que cette jolie demeure, festonnée de guirlandes Biedermeier, était la garçonnière de Schubert, qui y aurait installé trois de ses amantes. Elle est située à deux pas de la Pasqualatihaus (Mölkerbastei 8 ; mar.-dim. 10h-13h et 14h-18h ; entrée plein tarif : 2 €) où Beethoven composa trois symphonies, les quatuors *op. 59*, ainsi que *Fidelio*.

« Maison des trois jeunes filles »
Schreyvogelgasse 10.

5

Voir plan détachable
D2-3 et zoom I6-7

Pour les restaurants et le café reportez-vous aux p. 93, 95 et 99, quartier Stubenviertel.

Stubenviertel, baroque et ludique

Que diriez-vous d'un petit safari-photo dans le nord-est du 1er arrondissement, entre les stations de métro Stubentor et Schwedenplatz ? Ce quartier, l'un des plus attachants de la ville, vous attend avec un lacis de ruelles et d'arrière-cours, des enfilades de façades fraise et pistache, quelques *Beisl* où l'on s'égaye jusqu'à minuit et surtout un musée, le MAK, où vous pourrez zoomer sur le sofa de Hans Hollein et les chapeaux années 1950 d'Adele List.

❶ Museum für angewandte Kunst★★★

Stubenring 5
☎ 711 36 0 ou ☎ 712 80 00
www.mak.at
Mar. 10h-22h,
mer.-dim. 10h-18h
Entrée plein tarif : 7,90 €
(gratuit sam.)
Voir « Zoom sur » p. 77.

Peter Noever, directeur (1986-2011) de ce génial musée des Arts appliqués, a fait appel à des artistes contemporains pour installer ses collections. Avant de vous plonger dans les salles d'études au sous-sol, allez voir les sièges Jugendstil de Thonet, qui apparaissent en ombres chinoisés derrière des écrans translucides.

❷ Österreicher im MAK★★

☎ 714 01 21
www.oesterreicherimmak.at
T. l. j. 8h30-1h ; cuisine : 11h30-15h et 18h-23h.

La mode étant aux expositions « actives », on sort parfois du MAK à bout de souffle. Après avoir parcouru en tous sens de grands halls obscurs et franchi des passerelles en plein air revêtus d'un plaid bleu pétrole, les visiteurs exténués se retrouvent au Café, l'une des cantines les plus *trendy* du

moment. Il y a du goulash aux quenelles à 15,80 € et la déco, signée Eichinger & Knechtl, est hyper sympa.

❸ Postsparkasse★★★

Georg-Coch-Platz 2
☎ 599 05 33 825
www.ottowagner.com

La PSK, ou Caisse d'épargne de la Poste, est l'une des œuvres majeures d'Otto Wagner, qui a pensé les moindres détails esthétiques et fonctionnels du bâtiment en utilisant des matériaux révolutionnaires pour l'époque (1904-1906). Dans la salle des guichets (Bibergasse, lun.-ven. 9h-17h, sam. 10h-17h), on vend des rééditions d'objets dessinés par l'architecte et ses élèves. Petit musée près du guichet nº 13 (entrée plein tarif : 6 €).

❹ Griechische Kirche★

Fleischmarkt 13.

Offrez-vous un petit dépaysement gréco-oriental en poussant la porte de cette église orthodoxe, construite par Theophil von Hansen en 1861, toute rutilante des ors de Byzance. Ceux

qui se droguent à l'encens reviendront pour l'office du dimanche (11h-12h), histoire de profiter aussi des hymnes et de la magie des icônes.

❺ Schönlaterngasse★★

Voici une rue tortueuse et romantique à souhait, bordée de charmantes maisons médiévales comme la Basiliskenhaus (nº 7) ou la vieille forge (nº 9), qui se fait encore plus pittoresque le soir, à l'heure où les lanternes éclairent ses façades peintes de couleurs pastel. Robert et Clara Schumann vécurent au nº 7a.

❻ Heiligenkreuzer Hof★★

Accès par le Schönlaterngasse 5.

Ici, pas d'ors byzantins ni de façades peintes : rien qu'une cour ravissante, aussi blanche que silencieuse, où se cachent un trio d'arbres et de rosiers

grimpants, une chapelle dédiée à saint Bernard, un atelier de luthier (Christoph Schachner), un sympathique restau (Hollmann, lun.-sam. 12h-15h et 18h-22h) ainsi que la « prélature » du XVIIIe s., dont les stucs ont été restaurés.

❼ Jesuitenkirche★★

Dr. Ignaz-Seipel-Platz 1
Lun.-sam. 7h-19h et dim. 8h-20h30 ; concerts gratuits le dim. à 10h30.

L'église des Jésuites, auxquels Ferdinand II avait confié l'enseignement de la philoso-

phie et de la théologie dans l'université voisine, illustre à merveille la fièvre baroque qui s'est emparée de Vienne au début du XVIIIe s. Un cadre opulent où les colonnes torses en marbre vert et rose sont assorties à la chaire et aux trompe-l'œil de la coupole.

❽ ALT WIEN★

Avec son éclairage parcimonieux, son air raréfié et ses murs tapissés d'affiches, l'Alt Wien est le prototype du café bohème et alternatif. On squatterait ses banquettes lie-de-vin du matin au soir, pour le seul plaisir de savourer l'ambiance, aussi authentique que l'usure du carrelage. Plat du jour à 6,50 €.

Bäckerstraße 9
☎ 512 52 22 ; t. l. j. 10h-2h (ven.-sam. jusqu'à 2h).

6

Voir plan détachable
C3 et zoom G7-8

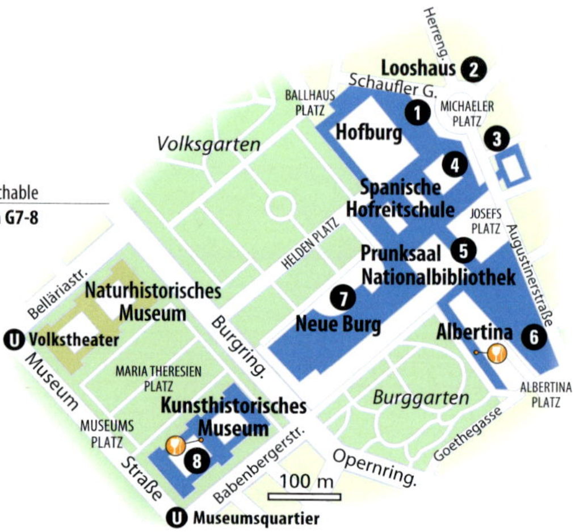

Pour le restaurant et le café reportez-vous aux p. 93 et 95, quartier Hofburg.

Hofburg,
le quartier des musées

Le gigantesque palais de la Hofburg, (voir « Zoom sur » p. 78) qui compte dix-huit bâtiments et une vingtaine de cours, fut pendant six siècles le siège du pouvoir de la monarchie autrichienne. Même si vous ne pouvez visiter qu'une part infime de ses 2 600 pièces, il vous montrera Vienne sous son jour le plus impérial. Formidable concentration de chefs-d'œuvre, il est prolongé par un musée exceptionnel, le KHM.

1 Café Griensteidl★

Michaelerplatz 2
☎ 535 26 93
www.cafegriensteidl.at
T. l. j. 8h-23h30
Menu du jour : 10,80 €.

Comme votre promenade sera très Habsbourg, mieux vaut la commencer en commandant un *Maria-Theresia* – double moka avec un doigt de liqueur d'orange et de crème fouettée – dans ce qui fut le premier café littéraire de Vienne. Surnommé « Café Grössenwahn » (« Folie des grandeurs »), il était fréquenté par Schnitzler et Hofmannsthal.

2 Looshaus

Michaelerplatz 3
Lun.-mer. et ven. 9h-15h, jeu. 9h-17h30.

En 1911, la construction de cet immeuble provoqua un tollé général. On obligea l'architecte,

Adolf Loos, à placer des jardinières devant les fenêtres pour tempérer l'austérité de la façade que l'empereur, qui avait ses bureaux juste en face (voir p. 37), jugeait particulièrement obscène…

❸ C. Bühlmayer★

Michaelerplatz 6
☎ 533 10 49
www.buehlmayer.at
Mar.-ven. 9h-18h, sam. 9h-13h.

Un atelier caché au fond de Michaelerhof, où M. Haider reprise les vieux miroirs, dore à la feuille, brunit à la pierre d'agate, décape les staffs et réalise avec amour une cascade de médaillons ovales et d'encadrements chantournés pour mettre vos tableaux en valeur.

❹ Spanische Hofreitschule★★

Michaelerplatz 1
☎ 533 90 31
Entraînement (*Morgenarbeit*) : 10h-12h
Entrée plein tarif : 12 € (tour guidé : 16 €).

Voici l'illustre École d'équitation espagnole de Vienne. Pourquoi « espagnole » ? Parce qu'en 1580, lorsque l'archiduc Charles d'Autriche fonda le haras de Lipizza (aujourd'hui sur le territoire slovène), les premiers pur-sang vinrent d'Andalousie. Aujourd'hui, leurs descendants continuent de peaufiner leur pas-de-deux dans le superbe manège baroque de Fischer von Erlach. Dates des démonstrations *(Vorführungen)* sur www.srs.at

❺ Prunksaal★★★

Josefsplatz 1
☎ 534 10 394
www.onb.ac.at
Mar.-dim. 10h-18h (jeu. 21h)
Entrée plein tarif : 7 €.

Changement de décor : ici, on respire le baroque à pleins poumons. La salle d'apparat de la **Bibliothèque nationale**, édifiée sur les plans des Fischer von Erlach père et fils (1722-1737), ruisselle de livres aux précieuses reliures, de statues à la gloire des Habsbourg et de fresques en trompe l'œil.

❻ Albertina★★★

Albertinaplatz 1
☎ 534 830
www.albertina.at
T. l. j. 10h-18h (21h mer.)
Entrée plein tarif : 11 €.

Le duc Albert de Saxe-Teschen serait sans doute étonné de voir ce qu'est devenu son cabinet d'art graphique : l'un des plus riches du monde avec 45 000 dessins et 1 500 000 gravures de Dürer, Rembrandt, Rubens, Kubin, etc., présentés, au compte-gouttes, à l'occasion d'expos temporaires. Le cadre, restauré par Hans Hollein, est agrémenté, pour la pause, d'un Do & Co (t. l. j. 9h-minuit) où l'on sert tapas, salades césar…

❼ Neue Burg★★

Heldenplatz
☎ 525 240 ou 525 24 5052
Mer.-dim. 10h-18h
Accès payant.

Cette excroissance de la Hofburg accueille de riches collections : la *Hofjagd und Rüstkammer* (entrée plein tarif : 12 € ; ticket valable pour la visite du KHM), avec ses armures de parade, et le Museum für Völkerkunde (entrée plein tarif : 8 €), dont les masques japonais et les échantillons de tissus rapportés des îles Hawaii par l'explorateur James Cook rivalisent d'élégance avec la parure aztèque en plumes de quetzal.

❽ KUNSTHISTORISCHES MUSEUM★★★

Le KHM, c'est du plaisir à l'état pur, surtout depuis que son conservateur l'a sorti de sa léthargie en y organisant des expositions. Parmi les stars du musée, *Suzanne et les vieillards* du Tintoret (salle III), les vues de Bernardo Bellotto (salle VII) et les *Chasseurs dans la neige* de Bruegel (salle X).

Maria-Theresien-Platz
☎ 525 24 0 – www.khm.at
Mar.-dim. 10h-18h, 21h le jeu. ; audioguide en français pour les collections permanentes
Entrée plein tarif : 12 € – Voir « Zoom sur » p. 79.

7

Pour les restaurants et le café reportez-vous à la p. 96, quartier Spittelberg et encadré « Mais aussi ».

Spittelberg, romantique et bohème

C'est à l'approche de Noël, sous la neige, que Spittelberg se fait le plus charmeur. Ce quartier autrefois populaire, où les artistes et les soldats venaient s'encanailler aux côtés de femmes légères, attire aujourd'hui intellos, architectes, touristes et… babas cool. Son marché artisanal est peut-être un peu kitsch, mais qu'importe : au pied des jolies façades baroques et Biedermeier de Spittelberg, ce qui est kitsch paraît toujours moins kitsch.

❶ Naturhistorisches Museum★★★

Maria-Theresien-Platz
☎ 521 77 0
www.nhm-wien.ac.at
Mer. 9h-21h,
jeu.-lun. 9h-18h30
Entrée plein tarif : 10 €.

Tous les enfants de Vienne connaissent le musée d'Histoire naturelle et sa pièce maîtresse, la Vénus de Willendorf, qui date de 25 000 ans avant l'invention des régimes minceur. Si cette figurine, symbole de fécondité, vous laisse indifférent, courez voir les admirables papillons de la salle 24, le crabe géant de la baie de Tokyo et le gavial du Gange (salle 28). Frissons garantis.

❷ Museums-Quartier★★★

Museumsplatz 1-5
☎ 523 58 81 1730
www.mqw.at
Voir « Zoom sur » p. 80-81.

Inauguré en 2001, ce complexe culturel – l'un des dix plus grands du monde – attire plus de 2 millions de visiteurs par an. Il est

vrai qu'il y a là, derrière les anciennes écuries impériales, un musée d'Art moderne (le « Mumok », voir p. 80-81), de superbes tableaux d'Egon Schiele (Leopold Museum, voir p. 80-81) et toutes sortes de manifestations pluridisciplinaires et interactives...

❸ Das Möbel★★★

Burggasse 10
☎ 524 94 97
www.dasmoebel.at
T. l. j. 10h-minuit.

Plus de doute, les Viennois ont des idées à revendre en matière de cafés. Avec Das Möbel, ils ont inventé le farfelu concept « je-me-prends-un-demi-tout-en-essayant-un-meuble ». Les sam. et dim. à partir de 10h, vous pourrez même bruncher assis sur un siège à ressorts et guidon de vélo, devant une table qui a tout d'une tondeuse. *PS* : tous les meubles sont à vendre.

❹ Witwe Bolte★

Gutenberggasse 13
☎ 523 14 50
www.witwebolte.at
T. l. j. 11h45-23h30.

Vous préférez sacrifier aux plaisirs du rôti de porc aux boulettes de pommes de terre (14,20 €), du foie de veau au genévrier et autres *Schmankerl* (« douceurs ») maison ? Rien de plus simple ! Cette auberge, où touristes et Viennois s'attablent au coude à coude, propose une cuisine de grand-mère – pas vraiment allégée certes, mais à prix corrects – et des dégustations de vins à la clé.

❺ Holzer Galerie★

Siebensterngasse 16
☎ 523 72 18
www.galerieholzer.at
Lun.-ven. 10h-12h et 14h-18h, sam. 10h-17h.

Passionné de Jugendstil et d'Art déco, Werner Holzer a rempli les 600 m² de son show-room de beaux cabinets en érable laqué, de vases à motifs noirs sur fond crème et de chaises à petits trous carrés pour nous rappeler qu'au début du siècle dernier, Vienne était emportée par un formidable élan artistique. Annexes dans la Kirchengasse (nº 30) et la Siebensterngasse (nº 32).

❻ Shultz★★

Siebensterngasse 31
☎ 522 91 20
www.shultz.at
Lun.-sam. 9h-2h (et dim. 18h-2h en été)
Menu du jour : 7,90 €.

QG des trentenaires à la page, Shultz est un bar de jour épatant, « comme qui dirait » californien, où les daiquiris sont excellents et les serveurs plus gentils les uns que les autres. On y sert aussi des en-cas – type *Bagel* au rosbif et fromage aux herbes – sur fond de bonne musique.

❼ WIENER KONFEKTION★

« WK », c'est depuis 2004 un show-room sympa qui accueille un florilège de vêtements pimpants et printaniers, en lin, éponge ou jersey, conçus par deux stylistes aussi viennoises que créatives : Maria Fürnkranz-Fielhauer, diplômée des Arts appliqués, et Doris Bittermann, une ancienne du Collège de mode Michelbeuern. De quoi égayer votre penderie !

Siebensterngasse 20,
☎ (0699) 116 72 752
www.wienerkonfektion.at
Mer.-ven. 12h30-18h30, sam. 11h-17h.

8

Voir plan détachable
B4/C4

Pour le café et le bistro reportez-vous à la p. 96, quartier Mariahilf.

Mariahilf,
les tentations du shopping

La Mariahilfer Straße est le plus long *shopping-mall* d'Autriche. Elle déroule ses six cents vitrines et ses prix raisonnables sur 2 km entre la gare de l'Ouest et le centre-ville. Vous y trouverez toutes sortes de boutiques sport, jeunes et décontractées, et un « magasin » qui n'a rien à vendre mais qui devrait vous donner plein d'idées pour redécorer votre séjour : le Hofmobiliendepot, le plus grand garde-meubles du monde.

❶ Peek & Cloppenburg★

Mariahilfer Straße 26-30
☎ 52 56 10
www.peek-cloppenburg.at
Lun.-mer. 10h-19h, jeu.-ven. 10h-20h, sam. 9h30-18h.

Rien de tel qu'un tour d'escalator au cœur des grands magasins de Mariahilf pour se sentir immédiatement dans la peau d'un acheteur compulsif. Chacun a sa *special touch* : meubles chez Leiner (nº 18), fruits et légumes chez Gerngross (nºs 42-48, « Merkur »). Côté mode, le plus attrayant reste P & C où vous dénicherez, au sous-sol, les jeans Jack Jones, les tee-shirts Rich & Royal et la marque Diesel men.

❷ Rag★

Mariahilfer Straße 20
☎ 523 67 97
www.rag-shop.com
Lun.-ven. 10h-19h,
sam. 10h-18h.

Une boutique de *street wear*, très prisée des jeunes générations, où l'on retrouve les best-sellers du jean, bien sûr, mais aussi des tee-shirts Zimtstern à 29,90 €, des shorts fleuris et toutes sortes de fringues qui font le bonheur de la clientèle hip-hop, surf et skateboard.

❸ Komolka★

Mariahilfer Straße 58
☎ 523 71 84
www.komolka.at
Lun.-sam. 9h30-18h.

Trois étages de rouleaux de tissus en veux-tu en voilà, dans une foule de coloris, de matières et – ce qui ne gâte rien – à des prix défiant toute concurrence. Parmi les têtes d'affiche : des imprimés à fleurettes pour se tailler un Dirndl, de la soie doupion à 12,20 € le mètre, mais aussi du Lurex jersey et brocart fuchsia à faire pâlir les échappé(e)s de la dernière techno parade.

❹ Mariahilfer Kirche★

Mariahilfer Straße 55.

Autre avantage de cette large avenue : elle n'écrase pas les perspectives et laisse

suffisamment de recul pour apprécier la composition d'une façade baroque ou la grâce d'un clocher à bulbe. L'église, bâtie entre 1686 et 1689 par Sebastiano Carlone, conserve de belles orgues et une jolie balustrade.

❺ La Coppola Storta

Neubaugasse 1
☎ 522 44 99
www.lacoppolastorta.at
Lun.-ven. 10h-19h,
sam. 11h-18h.

Vous vous souvenez du couvre-chef que portait Robert De Niro dans *Le Parrain II* ? Eh bien, dans la boutique de *coppole* (bérets siciliens) que Simona Nitschinger et Monica Mel ont inaugurée en 2008 à l'angle de la Mariahilf, vous trouverez les mêmes en moins mafieux et en plus… rigolos !
Ils viennent tout droit du village de San Giuseppe Jato et arborent des motifs originaux, printaniers en diable – celui avec les cerises (60 €) est ravissant – et souvent romantiques, comme le modèle en organza piqué de fleurs de tulle et de perles !

❼ Vapiano★★

Theobaldgasse 19
☎ 581 12 12
www.vapiano.de
Lun.-sam. 11h-minuit,
dim. 12h-23h.

La chaîne allemande Vapiano, spécialisée dans le *fast good*, la « restauration rapide mais

bonne », a ouvert à Vienne un autre spot qui fait fureur auprès des jeunes urbains de Neubau : une pizzeria bien dans l'esprit du temps, avec de vrais petits oliviers, des pots de basilic pour la touche *healthy*, une déco signée Matteo Thun… Bref, de 6,50 à 9,50 €, tout est tendance et *al dente*. Pensez à prendre une carte magnétique à l'entrée !

❻ HOFMOBILIENDEPOT★★★

Dans ce fabuleux musée sont entreposés les meubles que la Cour emportait lors de ses déplacements et ceux qui ornaient les châteaux impériaux : trônes de voyage, candélabres, armoires à double-fond, cabinets incrustés de lapis-lazuli, repose-pieds… Au total, 165 000 objets et de superbes reconstitutions, dont la chambre turque de Rodolphe.

Andreasgasse 7 – ☎ 524 33 570 – www.hofmobiliendepot.at
Mar.-dim. 10h-18h – Entrée plein tarif : 7,90 €
Voir « Zoom sur » p. 82.

9

Voir plan détachable
B4/C4 et zoom G8

Pour les cafés reportez-vous aux p. 96 et 99, quartier Naschmarkt.

Naschmarkt,
les coulisses d'un marché

Le plus grand marché de la ville, qui s'étire tout en longueur entre Karlsplatz et Kettenbrückengasse, a déjà 108 ans. Et comme il est aux premières loges, il a tout vu : les immeubles Art nouveau d'Otto Wagner, les provocations des sécessionnistes, les batailles rangées autour de la halle d'art contemporain. Les ménagères viennoises ne s'embarrassent guère de ces extravagances : elles continuent de palper fruits et légumes avec la même moue dubitative.

❶ Kunsthalle★ (Project Space)

Treitlstraße 2
☎ 521 89 33
www.kunsthalle.at
Mar.-sam. 13h-minuit, dim.-lun. 13h-19h – Accès libre.

Les plus sceptiques la surnomment Kunstschachtel, « Boîte à art ». Les expos d'artistes contemporains qui se succèdent depuis 1992 dans ce container de verre signé Adolf Krischanitz ne manquent pourtant pas d'intérêt. Entre deux happenings, attardez-vous à la cafétéria (voir p. 96), afin d'admirer le grand griffon qui épingle la bibliothèque de l'université technique.

❷ Akademie der Bildenden Künste★★

Schillerplatz 3
☎ 588 16 18 18
www.akbild.ac.at
Mar.-dim. 10h-18h
Entrée plein tarif : 8 €.

Cet imposant édifice, bâti par Theophil Hansen (1871), renferme au 1er étage une alerie de peinture peu onnue du grand public. n la visitera moins pour es Guardi et ses Rubens ue pour le *Triptyque du ugement dernier* de Jérôme osch, un bon résumé des orreurs que nous réserve le hâtiment éternel.

3 Secession★★

riedrichstraße 12
☎ 587 53 07
ww.secession.at
lar.-dim. 10h-18h
ntrée plein tarif : 8,50 €.

Euvre maîtresse du ugendstil, le pavillon des écessionnistes viennois st un joli pied de nez édifié ar J.-M. Olbrich (1898), n réaction contre les palais cadémiques et empesés u Ring. Au sous-sol, agments d'une longue ise que Gustav Klimt avait édiée à Beethoven.

4 Gegenbauer★★★

tand nº 111-114
☎ 581 24 43
ww.gegenbauer.at
un.-ven. 9h-18h,
am. 8h-17h.

rwin Gegenbauer connaît art du grand vinaigre ur le bout de la langue. on stand aligne avec onheur les élixirs qu'il lève en fût de chêne dans es caves voûtées de la istillerie fondée par son rand-père (Waldgasse 3, 1° Keplerplatz, visite possible). es breuvages subtils, trictement naturels, sans ucun additif, tirés de pommes u terroir telle la Marschanska e Styrie, d'exquises amboises ou de vins rares omme le Bouvier d'Apetlon, ont trois gouttes suffisent éblouir un poisson grillé. n miracle d'harmonie ! 3 € les 25 cl.

5 Naschmarkt★★★

Wienzeile
Lun.-ven. 6h-18h30,
sam. 6h-17h.

Y faire son marché est un plaisir. Les amoureux du bio pourront y tâter de la volaille élevée au grain et du *Langfladen* cuit au feu de bois. Les câpres et les feuilles de vigne se mêlent, dans un joyeux brouhaha de langues d'Europe centrale, à la choucroute, aux saucisses chaudes, aux pastèques à la coupe et aux douceurs mielleuses de l'Orient. Prix et qualité moindres côté ouest.

6 Café Savoy★

Linke Wienzeile 36
☎ 581 15 57
T. l. j. 12h-2h (ven. 3h).

Il faut venir ici le samedi, sur le coup de midi, pour le café ou l'apéro. Le Savoy attire tous les badauds du Naschmarkt et du marché aux puces : un cocktail sympathique (50 % *straight*, 50 % gay et 100 % chineur) venu reprendre son souffle sur les banquettes de moleskine. Côté son aussi, ça déménage, même si l'on flirte surtout avec Abba et Dalida.

7 Wienzeilehäuser★★★

Linke Wienzeile 38 et 40
Köstlergasse 1 et 3.

L'architecte Otto Wagner rêvait d'aménager toute la Wienzeile en boulevard Jugendstil. Il ne put réaliser que les stations de métro et ces deux immeubles (1899), ornés d'un rosier en carreaux de céramique, de stucs, de médaillons dorés, et dotés, à l'intérieur, de très belles cages d'ascenseur.

8 DELI★★

Ce n'est pas seulement un bar *take-away* où l'on déjeune en musique dans une ambiance assez survoltée le samedi. C'est aussi l'un des rares endroits de Vienne où, tous les jours, les lève-tard peuvent petit-déjeuner jusqu'à 16h – oui, vous avez bien lu : 16h – pour 6,90 €. Au choix : breakfast bio, viennois, parisien ou… turc, avec fromage, olives, *börek* et pita.

Stand nº 421-436, en face du Linke Wienzeile 22
☎ 585 08 23.

10

Pour le restaurant et le café reportez-vous à la p. 96, quartier Ring.

Voir plan détachable
C4/D4-5

Du Ring au Belvédère

Le « Ring distingué » : c'est ainsi que l'on appelle ce quartier où dandys et banquiers, dames en vison et nobles à monocle se donnaient rendez-vous, jadis, le long de la voie triomphale qui monte en pente douce jusqu'aux salons du Belvédère. Pour pénétrer cette société viennoise, si brillante et si désuète, jetez un œil sur les palais des ducs de Wurtemberg, des princes de Schwarzenberg et ceux des Savoie-Carignan : ils n'ont rien perdu de leur lustre.

❶ Karlskirche★★

Karlsplatz
www.karlskirche.at
Lun.-sam. 9h-12h30 et 13h-18h, dim. 13h-17h45
Entrée plein tarif : 6 €.

Saint-Charles, la plus pompeuse des églises baroques de Vienne, trône sur la place comme une pièce montée que l'on aurait saupoudrée d'ingrédients romains (le portique), ottomans (les colonnes-minarets) et chinois (les toits en pagode).
Le tout fut bâti en 1722 par les soins de J.-B. Fischer von Erlach avec les deniers des différentes nations de l'Empire. À l'intérieur, moins sucré qu'on ne l'imagine, de pâles fresques de Rottmayr rehaussées de bleu lavande et de vieux rose…

❷ Wien Museum★★

Karlsplatz
☎ 505 87 47 85 173
www.wienmuseum.at
Mar.-dim. 10h-18h
Entrée plein tarif : 6 € (gratuit le 1er dim. du mois).

Des œuvres du peintre baroque Johann Michael Rottmayr, vous en verrez aussi dans ce musée qui retrace, sur trois étages, toute l'histoire de la capitale autrichienne. Consacrez-lui une petite heure ! Vous ne serez pas déçu(e) : vous y découvrirez, entre autres, le plan que les Turcs avaient élaboré pour assiéger Vienne (1683), des meubles de style Biedermeier et le célèbre tableau de Klimt représentant Emilie Flöge (1902). Deux maquettes vous montreront même Vienne avant et après le démantèlement des remparts et l'aménagement de ce boulevard circulaire que l'on appelle Ring.

❸ Hotel Imperial★★★

Kärntner Ring 16
☎ 501 100
www.hotelimperialvienna.com
Café : 7h-23h.

Si vous voulez voir à quoi ressemble le fameux style Ringstraße, c'est le moment ou jamais de pousser la porte de l'Imperial qui, de l'avis général, est, sinon le plus bel hôtel du monde, du moins le plus huppé des palaces viennois. Bien sûr, il vaut mieux éviter une tenue trop *destroy* au moment où vous passerez devant la haie de *butlers* en nœuds pap' et gants blancs, mais l'escalier en marbre et les gâteaux du café valent bien quelques concessions.

❹ Otto Wagner Pavillon★★★

Karlsplatz
☎ 505 87 47
www.wienmuseum.at
Avr.-oct. : mar.-dim. 10h-18h
Entrée plein tarif : 2 €
(gratuit le 1er dim. du mois).

En 1894, l'architecte Otto Wagner fut chargé de concevoir les stations, les ponts et les viaducs du métro viennois. Quatre ans plus tard, il réalisait, en collaboration avec Josef Maria Olbrich, les deux ravissants pavillons en vis-à-vis de la Karlsplatz qui allaient bientôt constituer, avec leur structure métallique et leurs motifs floraux, de parfaits exemples d'un art nouveau, le Jugendstil.

❺ Palais Schwarzenberg★★★

Schwarzenbergplatz 9
Réouverture prévue : 2013.

On ne saurait rêver cadre plus magique pour savourer une terrine de foie gras ou un homard au chablis. À défaut de loger dans le palais-hôtel du prince Schwarzenberg, offrez-vous le luxe d'un déjeuner à la terrasse de son restaurant. Le style, vous l'auriez parié, est baroque – architecte Johann Lukas von Hildebrandt, 1704 – et le parc, l'un des rares qui ait été conservé dans son intégralité (7 hectares).

❻ Belvédère★★★

Prinz-Eugen-Straße 27
☎ 795 570
www.belvedere.at
T. l. j. 10h-18h
Entrée plein tarif : 19 €
Voir « Zoom sur » p. 83.

Autre demeure baroque : celle du prince Eugène de Savoie, grand vainqueur des Turcs. Sa propriété, le Belvédère, se compose de deux châteaux – « l'inférieur » et le « supérieur » – tous deux construits par Hildebrandt. Le premier (entrée aussi par le Rennweg 6a) accueille des expositions temporaires. Le second abrite des œuvres d'art médiévales et baroques, ainsi qu'une collection de toiles Biedermeier et Sécession, dont *Le Baiser* de G. Klimt.

❼ ALPENGARTEN★

Lorsqu'il fait beau, des flots de touristes déambulent parmi les statues et les bosquets du parc du Belvédère, dessiné au XVIIIe s. par le paysagiste Dominique Girard. Solution de repli : les jardins alpestre (payant) et botanique (gratuit). C'est moins casse-cou qu'une randonnée en montagne et presque aussi instructif. L'occasion rêvée de voir des edelweiss et autres spécimens de la flore autrichienne dûment étiquetés.

Prinz-Eugen-Straße 27
☎ 798 31 49
Mi-mars à mi-août : t. l. j. 10h-18h.

11

Voir plan détachable
Hors plan par A5

Schönbrunn,
le « Versailles autrichien »

Et si vous passiez une journée à Schönbrunn, parmi les parterres de fleurs, les bassins et les fausses ruines romaines ? L'air y est pur, le cadre grandiose. C'est vrai que l'entrée du palais, bâti en 1696 par Fischer von Erlach, a désormais un faux air de check-in d'aéroport – il faut penser à repérer sur son billet le numéro de la porte et l'heure précise de son… embarquement – mais le charme opère encore. Pour peu qu'il n'y ait pas trop de monde (voir « Zoom sur » p. 84).

1 Prunkräume★★★

☎ 811 13 239
Avr.-oct. : t. l. j. 8h30-17h (jusqu'à 18h en été) ; nov.-mars : t. l. j. 8h30-16h30
Entrée plein tarif : 10,50 € (23,50 € le Sisi Ticket, 39,90 € le Gold Pass).

Le château de Schönbrunn n'est qu'une longue suite de décors rocaille, de lambris blanc et or, de cabinets secrets et d'escaliers dérobés (il existe même çà et là des trappes qui permettaient de faire monter des cuisines une table dressée, lorsqu'on ne souhaitait pas être dérangé par les serviteurs). Les salles les plus séduisantes restent la grande galerie (n° 21), le cabinet chinois (n° 24) et le cabinet de porcelaine (n° 31) où tout – hormis le lustre – n'est que trompe-l'œil.

2 Wagenburg★★★

☎ 525 24 724 ou 877 86 92
Avr.-oct. : t. l. j. 9h-18h ; nov.-mars : mar.-dim. 10h-16h
Entrée plein tarif : 6 € (gratuit avec le Gold Pass).

Dans l'ancien manège d'hiver ont été remisés quelques-uns des véhicules qui servaient au transport de la famille impériale. Du plus spectaculaire (le carrosse de Charles VI, décoré par des peintres de l'école de Rubens) au plus attendrissant (la mini-

calèche pour deux enfants, 1865), c'est une incroyable débauche de bois doré auprès de laquelle n'importe quelle grosse cylindrée de luxe ressemblerait à un tacot.

❸ Palmenhaus★★

☎ 877 50 87 406
Mai-sept. : t. l. j. 9h30-17h30 ; oct.-avr. : t. l. j. 9h30-16h30
Entrée plein tarif : 4 €
(gratuit avec le Gold Pass).

Les Habsbourg, qui s'intéressaient aussi à la botanique, ont financé plusieurs expéditions à partir du XVIIIe s. pour rapporter fleurs et arbustes des quatre coins du monde. Aujourd'hui, pas moins de 4 000 plantes vivent dans cette serre à palmiers, dont la gracieuse *Aristolochia littoralis* pourpre tachetée de blanc (section S3). Une vraie jungle au cœur de Vienne…

❹ Tiergarten★★★

☎ 877 92 94 0
www.zoovienna.at
Avr.-sept. : t. l. j. 9h-18h30 ; hors saison : t. l. j. 9h-17h
Entrée plein tarif : 14 €
(gratuit avec le Gold Pass).

Quand ils étaient las des fleurs, les Habsbourg venaient observer les fauves depuis le pavillon octogonal – le Frühstückspavillon des Kaisers – qui se dresse au beau milieu de cette ménagerie où vous découvrirez, à côté des lions, zèbres et autres pensionnaires habituels, une « curiosité » plus typique : la ferme tyrolienne. Pour tout savoir sur la vie dans les alpages.

❺ Gloriette★★

☎ 87 913 11
Avr.-sept. : t. l. j. 9h-18h (19h en été) ; oct. : 9h-17h
Accès à la terrasse panoramique : 2,50 €.

Le portique néoclassique qui trône sur la colline est un monument triomphal érigé en souvenir d'une victoire remportée par les Habsbourg sur les armées de Frédéric II de Prusse (1757). Mais c'est aussi un café. On y sert d'exquises tartelettes « poire et mousse au chocolat » signées Gerti Hütter, du vin chaud en hiver, ainsi qu'un brunch les samedi et dimanche (17,50 €). Avec vue imprenable sur le parc.

❼ Plachutta★★

Auhofstraße 1
☎ 877 70 87 0
www.plachutta.at
T. l. j. 11h30-15h et 18h-23h30.

Juste en face du légendaire café Dommayer, le restaurant de la famille Plachutta fait partie des musts de la gastronomie viennoise. Les carnivores apprécieront particulièrement les *Schulterscherzl* (18,80 €), *Hüferschwanzel* et autres viandes de bœuf très tendres servies avec force soupes et tranches de moelle dans des marmites en cuivre et un cadre bourgeois fin XIXe s.

❻ WEIHNACHTSMARKT★★

Le marché de Noël, qui se tient chaque année dans la cour d'honneur du palais, est l'un des plus charmants et des plus authentiques de la capitale : c'est le moment ou jamais de faire le plein de bougies, de jouets en bois, de pains d'épice, de boules pour le sapin et de couronnes enrubannées de satin rouge.

19 nov.-26 déc. : t. l. j. 10h-21h
Veille de Noël : 10h-16h.

12

Voir plan détachable
B2-3/C2-3

Pour les restaurants et les cafés reportez-vous aux p. 93 et 99, quartier Josefstadt.

Josefstadt,
une balade Biedermeier

De tous les arrondissements de Vienne, le 8e – Josefstadt – est le plus petit. Et l'un des plus prometteurs si l'on en juge à ses façades Biedermeier, ravalées avec soin, et aux boutiques coquettes qui fleurissent çà et là autour des palais de la Lange Gasse et du théâtre de la Josefstädter Straße. Allez-y : c'est juste à l'ouest du Ring et peut-être le prochain quartier à la mode !

❶ Rathaus★★

Friedrich-Schmidt-Platz 1
☎ 525 50
Vis. guidées lun., mer. et ven. à 13h ; audioguide gratuit en français.

Point de départ : l'hôtel de ville, dont la façade, un brin empesée, sert chaque année de toile de fond au marché de Noël (p. 32). Bâti par Friedrich von Schmidt, il illustre à merveille ce goût pour le style gothique qui a fait son come-back à Vienne dans les années 1870. Pensez à jeter un œil sur la cour à arcades et la salle des fêtes !

❷ Lenaugasse★

Vous voici à l'orée du quartier de Josefstadt, dans une rue des plus attachantes, qui conserve un bel ensemble de maisons des XVIIIe et XIXe s. Il y a là des frontons à volutes, des mascarons, des chérubins et, surtout, derrière les portails 3, 9, 11 et 19, des *Pawlatschenhöfe* – des cours à galerie ouverte, typiques de l'époque Biedermeier.

❸ Doll's★

Lange Gasse 62
☎ 405 95 31
www.doll-wien.at
Lun.-ven. 8h-19h, sam. 8h-15h.

Vous êtes d'humeur champêtre ? Cela tombe bien : Doll's est un fleuriste hors pair

qui compose des bouquets originaux et pimpants à partir de plantes importées tout droit d'Équateur, d'Italie et de Basse-Autriche. Et pour vous aider à vous mettre au vert ou à égayer votre balcon, il a également une jolie gamme d'accessoires.

❹ Schönbornpark★

Lange Gasse.

On vous l'accorde : ce n'est pas le plus bucolique ni le plus luxuriant des parcs de la capitale. Mais ce petit square, aménagé en 1903 à l'emplacement des parterres de tulipes du comte Schönborn, a un atout majeur : la tranquillité. Il est vrai qu'ici, tout invite à la lecture ou à la rêverie : un bassin indolent, des bancs ombragés...

❺ Österreichisches Museum für Volkskunde★★

Laudongasse 15-19
☎ 406 89 05
www.volkskunde museum.at
Mar.-dim. 10h-17h
Entrée plein tarif : 5 €.

Étape suivante : l'ancien palais Schönborn. Converti depuis 1917 en musée des Arts et Traditions populaires, il déborde de souvenirs croquignolets des campagnes autrichiennes. À ne pas manquer : les *Strohpatschen*, grosses chaussures en paille spécial grand froid (salle 4), les *Blumenstalen*, jardinières sculptées que le pâtre offrait à la bergère en gage d'amour (salle 5) et les chaises peintes par Urban Huemer (salle 24).

❻ Maria Treu★★★

Jodok-Fink-Platz.

Poussez la porte de cette église, peu connue mais adorable, que l'on appelle aussi « Piaristenkirche ». Vous y retrouverez tout ce qui fait le charme du baroque et du rococo : un jeu de lignes convexes et concaves, une moisson d'autels en marbre rose et une coupole peinte à fresque par Maulbertsch représentant une Vierge flottant sur un aplat de ciel bleu. Bref : un petit chef-d'œuvre du XVIIIe s. viennois.

❼ SCHNATTL★★★

Ce nom ne vous dit peut-être rien, mais c'est celui de Wilhelm, qui a été l'un des pionniers de la nouvelle cuisine viennoise et qui continue de faire le bonheur des gourmets en leur concoctant une carte riche en émotions où pointent l'huile de potiron et l'inimitable vinaigre de M. Gegenbauer (p. 59). À tester : le risotto aux châtaignes (18,50 €) et le jardin, bigrement agréable aux beaux jours. Menu dégustation : 38 €.

Lange Gasse 40,
☎ 405 34 00
www.schnattl.com
Lun.-ven. 18h-minuit.

13

Pour le restaurant reportez-vous à la p. 93, quartier Alsergrund.

Voir plan détachable
B1-2/C1-2

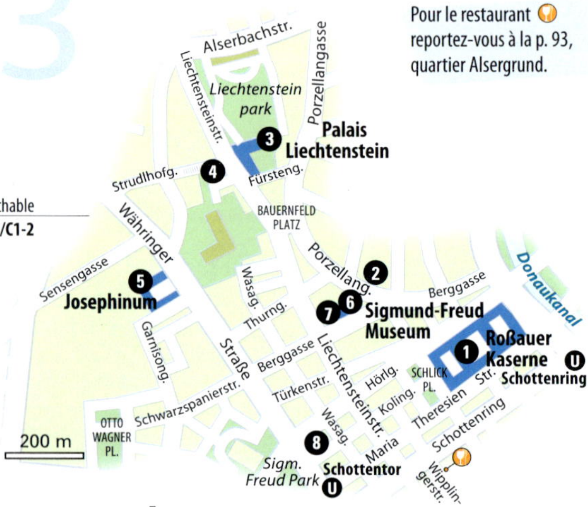

Alsergrund,
le fief des intellectuels

Avant guerre, le 9e arrondissement de Vienne était l'épicentre de la raison et de la science. Véritable laboratoire de recherche, creuset de la psychanalyse, ce district où se croisent carabins et profs de droit passe aujourd'hui pour un quartier ennuyeux de bourgeois et de bureaucrates. Pourtant, entre l'Hôpital général et la caserne, Alsergrund vous réserve d'impressionnantes façades, un palais-jardin et quelques curiosités très révélatrices de l'« esprit viennois ».

❶ Roßauer Kaserne★★

Schlickplatz.

Au lendemain des insurrections de 1848, Vienne se mit à construire dare-dare arsenaux et chambrées pour les troupes. Le tout en briques rouges et dans un style qui combinait étrangement le mauresque, le néoromantique et le look « château de Windsor ». C'est le cas de cette drôle de caserne, œuvre conjointe d'un commandant et d'un colonel.

❷ Zweigstelle★★

Porzellangasse 4
☎ 315 66 99
www.zweigstelle.com
Lun.-ven. 9h-19h, sam. 9h-17h (juil.-août 9h-14h).

Ce fleuriste épatant et pas comme les autres est un magicien du camaïeu et de l'harmonie. Avec beaucoup de style, il emplit ses hauts vases de ces délicates attentions qui font toujours plaisir : suaves amaryllis, gomphoricarpus à la géométrie insolite ou dégradés de strelitzia dont les couleurs se marient à merveille avec l'anis des murs.

❸ Palais Liechtenstein★★

Fürstengasse 1
☎ 319 57 67 153
Vis. slt sur rés. (20 €)
Dates des prochains tours guidés sur www.palaisliechtenstein.com

Ce somptueux palais d'été, conçu vers 1700 dans un goût italien par Domenico Martinelli, abrite, depuis 2004, les collections des princes de Liechtenstein. Vous pourrez y faire d'une pierre deux coups : admirer l'une des salles les plus baroques de Vienne – avec son plafond peint par Andrea Pozzo – et quelques-uns des fleurons de l'art européen.

❹ Strudlhofstiege★

Liechtensteinstraße.

Ne manquez pas, au sortir du palais, de jeter un œil sur cet escalier qui constitue, avec ses balustrades et ses lampadaires, un bel exemple du Jugendstil viennois (1910). Il est très célèbre – en Autriche tout du moins – depuis qu'il a inspiré un long roman à l'écrivain Heimito von Doderer.

❺ Josephinum★★

Währinger Straße 25
☎ 40 160 260 00
www.josephinum.meduniwien.ac.at
Lun.-sam. 10h-18h
Entrée plein tarif : 4 €.

Fondé par Joseph II en 1785, cet institut renferme une incroyable collection d'écorchés anatomiques en cire, grandeur nature, qui devaient permettre aux futurs médecins et chirurgiens de l'armée autrichienne de mieux pénétrer les mystères de nos nerfs et de nos entrailles. Il vaut mieux avoir le cœur bien accroché : c'est très réaliste...

❻ Sigmund-Freud Museum★

Berggasse 19
☎ 319 15 96
www.freud-museum.at
T. l. j. 9h-17h, 18h en été
Entrée plein tarif : 8 €.

Aujourd'hui, tous les pèlerins de la psychanalyse se bousculent dans ce musée qui fut, pendant près de cinquante ans, l'appartement-cabinet du professeur Freud :

il y recevait ses patients et y affûtait ses théories sur l'interprétation des rêves. N'espérez pas trop pouvoir vous allonger sur *le* divan, il se trouve à Londres, où Freud parvint à se réfugier en 1938.

❼ Ragusa★★

Berggasse 15
☎ 317 15 77
www.ragusa.at
Lun.-sam. 11h-15h et 18h-minuit.

Vous rêvez de prendre le large ? Cela tombe bien : à bord de son restaurant de poissons et de fruits de mer, M. Stjepovic vous emmène en croisière le long des côtes dalmates. Ses assiettes de poulpes et de scampi aux pâtes (15,40 €) fleurent bon l'Adriatique et le soleil de Dubrovnik. Vins croates et prix raisonnables le midi.

❽ CAFÉ STEIN★★

Le décor, signé Eichinger et Knechtl, s'accorde sans accroc avec la clientèle, un mélange plutôt amusant de branchés et d'étudiants (la fac est à deux pas), qui profitent de la terrasse (« sundeck ») pour observer, et des bons plats chauds servis à toute heure (omelettes, gratins d'aubergines, poulet-ratatouille à 7,40 €) pour réviser leurs cours avant de foncer en boîte.

Währinger Straße 6-8,
☎ 319 72 41
www.cafe-stein.com
Lun.-sam. 8h-1h,
dim. 9h-1h.

14

Voir plan détachable
E2-3

Pour le restaurant reportez-vous à la p. 97, quartier Landstraße.

Landstraße,
humour et fantaisie

Les palais empesés du Ring vous ennuient ? Faites un tour entre le canal du Danube et la Landstraßer Hauptstraße : c'est un quartier éclectique, plaisant, où des édifices classiques voisinent avec des cubes des années 1920 – la Haus Wittgenstein – et des habitations moins guindées, coloriées par un disciple de Gaudí : le Viennois Friedensreich Hundertwasser. Son « village » est aujourd'hui la quatrième attraction de Vienne, après Schönbrunn, la Hofburg et le MuseumsQuartier !

❶ Kunsthaus Wien★★

Untere Weißgerberstraße 13
☎ 712 04 91
www.kunsthauswien.com
T. l. j. 10h-19h
Entrée plein tarif : 10 €.

Un premier patchwork multicolore et pimpant, signé Hundertwasser, dans lequel sont exposées quelques œuvres du maître, des photos, des albums, mais aussi des maquettes (dont celle de l'église Sainte-Barbara à Bärnbach). À l'intention des groupies, le Museum Shop

a prévu tout un stock de tee-shirts, foulards, serviettes en papier (3,90 €), posters et calendriers.

❷ Dunkelbunt★★★

Untere Weißgerberstraße 13
☎ 712 04 91
T. l. j. 10h-20h.

Profitez-en, ce café écolo-rigolo, qui propose aussi des salades et des consommés aux asperges, est un lieu unique à Vienne, à mi-chemin entre *Alice au pays des*

merveilles et *Le Livre de la jungle*. Le sol est irrégulier – c'est peu dire – et la végétation luxuriante. Seul votre petit noir ne porte pas la signature de Hundertwasser.

❸ Hundertwasser Haus★★★

Kegelgasse 36-38
www.hundertwasser-haus.info

L'immeuble bâti par Peter Pelikan (1985) d'après les plans de Hundertwasser semble lancer un défi à l'équilibre. Pourtant, si rien n'y est standard, tout est très pensé : il y a huit modules de fenêtres, un code couleur bien précis selon les appartements. Il est permis de gribouiller sur les murs, et le loyer n'est que de 5 € le m^2. Au fond, les 150 locataires ne se plaignent que du flot de touristes.

❹ Fälschermuseum★

Löwengasse 28
☎ 715 22 96
www.faelschermuseum.com
Mar.-dim. 10h-17h
Entrée plein tarif : 4,50 €.

Nous vous avions prévenu : il y a, dans ce quartier, des lieux tout à fait déroutants (mais instructifs) comme ce petit musée des faussaires qu'ont ouvert en 2005 Diane Grobe et Christian Rastner. En 60 tableaux, il vous dira tout des jeux subtils entre la copie authentique, le presque vrai et le faux absolu. Et vous pourrez même y passer commande de votre propre portrait… peint « à la manière de ». Original !

❺ Haus Wittgenstein★★

Parkgasse 18
☎ 713 31 64
www.haus-wittgenstein.at
Lun.-jeu. 10h-12h et 15h-16h30 ; photographies interdites.

Cette maison-ci, vous l'aurez deviné, ne doit rien à l'imaginaire bariolé de Hundertwasser ! L'actuel Institut culturel bulgare a été édifié (1929) par un élève d'Adolf Loos d'après les plans de… Ludwig Wittgenstein, l'un des phares de la pensée du XXe s. On dit que la rigueur des lignes, le choix des matériaux et la précision des détails reflètent bien sa philosophie. L'intérieur, en tout cas, impressionne par son extrême sobriété.

❻ Biomarkt

Landstraßer Hauptstraße 37
☎ 710 98 84 28
www.denns-biomarkt.at
Lun.-jeu. 8h-19h, ven. 8h-19h30, sam. 8h-18h.

On le sait peu, mais la municipalité de Vienne est à la tête de l'une des plus grandes exploitations agricoles bio d'Autriche : 16 % de la surface agricole de la ville est garantie sans pesticides. Et grâce à Josefine et Stefan Maran, champions de l'alimentation saine depuis 25 ans, les Viennois disposent désormais de 5 supérettes bio, pleines de bons produits régionaux : huile de pépins de courge de Pöllau, vins du Burgenland, laitages du Mühlviertel. Une idée cadeau ? Les fines herbes et épices *Sonnentor* à 2,19 €.

❼ BIEDERMEIER IM SÜNNHOF★★★

Vous êtes déjà en repérage pour votre prochain séjour à Vienne ? Voici un charmant hôtel situé dans un étroit passage classé monument historique : le Sünnhof. Vous pourrez vous y faire déposer en fiacre. Tout y est Biedermeier : la cuisine, le café, le mobilier en merisier et la déco, vieux rose et vert tilleul. 119 € la double en basse saison.

Landstraßer Hauptstraße 28 – ☎ 716 710
Ⓕ 716 71 503.

15

Voir plan détachable
D1-2

Karmeliterviertel,
bobo et *multikulti*

« 1020 » ? C'est le code postal à la mode, l'adresse tendance à Vienne ! Surtout le quartier des Carmélites situé entre la Nouvel Tower et le parc Augarten. On y croise étudiants en colloc' et stylistes bobos, juifs orthodoxes et musulmanes en tchador… C'est *multikulti* et ça fonctionne! Pour y aller ? Rien de plus simple : il suffit de traverser le canal et de se balader de part et d'autre de la Große Sperlgasse qui était autrefois la rue principale du ghetto de Leopoldstadt.

❶ Nouvel Tower★★★

Praterstraße 1.

Vous voyez le building de 75 m de hauteur à l'angle de la Taborstraße ? C'est le dernier opus de Jean Nouvel, l'architecte de l'Institut du Monde arabe à Paris ! Un défi aux lois de la géométrie qui joue beaucoup sur la lumière et les reflets. Derrière ses façades de verre vous trouverez un atrium avec un mur végétal, 28 boutiques de design (Stilwerk, p. 117), un hôtel de luxe à l'esthétique épurée et surtout un lounge qui vous réserve une vue panoramique : le Loft (p. 135).

❷ Karmeliterplatz★

Avec cette première place, vous entrez dans le vif du sujet ! Épicerie casher, café pour les couche-tard (Tachles, t. l. j. 17h-2h)… :

toutes les enseignes qui entourent l'église baroque sont à l'image du quartier. Les meilleures adresses ? Le bar à vins au n° 2 (Spezerei, lun.-sam. 11h30-23h) et la boutique rigolote juste à côté, pleine d'idées cadeaux supercolorées et souvent très *girly* : Wundertüte (mar.-ven. 11h-18h, jusqu'à 19h30 le jeu., sam. 10h-14h).

❸ Karmelitermarkt★

Entre les rues Im Werd et Leopoldsgasse.

Légumes oubliés, variétés rares de tomates, miches de pain bio ou fromages des alpages... : le marché du quartier est certes plus modeste que le Naschmarkt (p. 59) mais il a de quoi ravir les papilles des amateurs de *slowfood*. Sur les rayons du stand n° 33-36 (Kaas am Markt, mar.-ven. 9h-19h, sam. 8h-14h), Isabel Kaas aligne des gelées, chutneys, vinaigres de poire ou de sureau et sirops à base de pommes de pin (*Fichtenwipferl*) que vous ne verrez jamais en grande surface ! Normal : elle ne travaille qu'avec de petits producteurs triés sur le volet.

❹ Nagy & Tankai★

Krummbaumgasse 2-4
☎ 925 13 74
www.tankai.at
Mar.-ven. 11h-13h et 14h-18h, sam. 11h-13h.

Sur la place du marché, il n'y a pas que des commerces de bouche : à deux pas de la jolie façade vert pistache à stucs rococo blancs (Im Werd n° 3), une boutique recèle les créations de deux stylistes encore trop confidentiellement connues : Nagy et Tankai. La première tricote avec amour des articles en laine – des étoles par exemple – tout à fait portables. La seconde coud à la main des sacs qui ont connu un beau succès à la dernière Wear-Fair, le salon du commerce équitable de Vienne. C'est sobre, ultra-soigné et pas si cher : 69 € le « hipbag ».

❺ Kriminalmuseum★

Große Sperlgasse 24
www.kriminalmuseum.at
Jeu.-dim. 10h-17h
Entrée plein tarif : 5 €.

Mine de rien, cette maison de 1685 renferme aujourd'hui un insolite musée consacré aux crimes – élucidés ou non – qui ont été perpétrés à Vienne au cours des siècles. En particulier au XIXe, qui fourmillait d'empoisonneuses au cyanure, de faussaires et de serial killers. Vous y verrez aussi la cage du Hoher Markt dans laquelle étaient enfermés autrefois ceux qui colportaient de fausses rumeurs. Bon, on vous l'accorde : c'est un tantinet macabre mais c'est l'occasion de feuilleter en images l'histoire locale sous un autre... angle !

❻ Augarten★★

Entrée principale : Obere Augartenstraße
T. l. j. 6h30-18h30
Accès libre.

Pour se changer les idées au sortir du Kriminalmuseum, rien de tel qu'un tour au parc ! L'Augarten, qui déploie ses 52 hectares au bout de la Taborstraße, est ouvert au public depuis 1775 pour le plus grand plaisir des fans de farniente, pétanque et jogging. Il y a même un bassin pour les enfants et, à deux pas de la batterie antiaérienne de 1943 (**Flakturm**), un estaminet – la **Bunkerei** – où l'on sert bières, jus de fruits... (lun.-sam. 11h-23h, dim. 9h-23h).

❼ DÉCOR★★★

Un petit creux ? L'excellent Skopik & Lohn, avec son plafond signé Otto Zitko, n'ouvre ses portes qu'après 18h (Leopoldsgasse 17 ; ☎ 217 89 77). En revanche, le café-restaurant-bar Décor, qui occupe la partie gauche du château Augarten, sert midi et soir de bons plats maison et à toute heure des *Strudel* aux quetsches (5,50 €) dans un cadre original. Nous, on a un faible pour les « séparés » avec leurs hautes banquettes couleur bronze. Et vous ?

Obere Augartenstraße 1 – ☎ 212 38 88
www.decor-augarten.at – T. l. j. 11h-23h.

16

Voir plan détachable
D2/E2/F2 et hors plan par F1

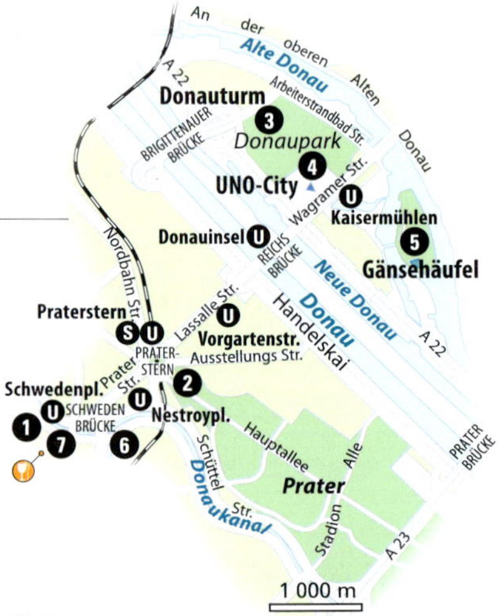

Pour le café reportez-vous à la p. 97, quartier Berges du Danube.

Sur les berges du Danube

On devrait dire « des » Danube, car à Vienne, le fleuve mythique de l'Europe centrale se divise en quatre bras : le Vieux, le Nouveau, le Canal et le Danube tout court. Entre ces bras, des îles aménagées en parcs où l'on peut s'adonner aux joies du jogging et de la baignade – à elle seule la Donauinsel compte 42 kilomètres de plage – tout en contemplant la *skyline* de la « nouvelle Vienne » et son dernier-né, la DC Tower, un gratte-ciel de 220 m de haut.

❶ DDSG★★

Schwedenbrücke
M° Schwedenplatz (U1)
☎ 588 800
www.ddsg-blue-danube.at

D'avril à octobre, la Compagnie de navigation sur le Danube organise des circuits en bateau, au départ du Donaukanal, pour découvrir au fil de l'eau les écluses (1898) de l'architecte Otto Wagner, la centrale de Spittelau, décorée par Hundertwasser, et le complexe de l'UNO City. Comptez 22 € par personne (gratuit pour les moins de 10 ans).

❷ Prater★★

M° Praterstern (U1)
www.prater.at
Attractions : t. l. j. 10h-minuit (20h en hiver) ; grande roue (10h-20h ; en été, 9h-23h45) : 8,50 €
Voir « Zoom sur » p. 85.

Un week-end ne suffirait pas à explorer les 7 km^2 de cette ancienne réserve de chasse impériale qui est devenue – depuis qu'elle est ouverte au bon peuple (1766) – la promenade favorite des Viennois. Au choix : bosquets, plans d'eau, pavillon de plaisance, guinguettes et

luna-park pour amateurs d'attractions toniques, avec train fantôme, montagnes russes et *Riesenrad* (grande roue). En sus : beignets et barbes à papa.

❸ Donauturm★★

Donausturmstraße 4
M° Kaisermühlen (U1)
☎ 263 35 72
www.donauturm.at
T. l. j. 10h-minuit
Ascenseur : 6,90 €.

En moins de temps qu'il n'en faut pour le dire (35 secondes), un ascenseur express vous conduit à la terrasse panoramique de cette tour qui domine du haut de ses 252 m le Donaupark, deuxième espace vert de Vienne après le Prater. Juste au-dessus, un restaurant et un café tournent – plus lentement – pour faire défiler sous vos yeux la cathédrale, la grande route et les contreforts de la Slovaquie.

❹ UNO City★

Wagramer Straße 5
M° Kaisermühlen (U1)
☎ 260 60 33 28
www.unvienna.org
Visites : lun.-ven. à 11h et 14h
Entrée plein tarif : 6 €.

En 1979, quatre tours de bureaux ont poussé sur la rive pour héberger divers services des Nations unies. Ce complexe – le plus important après New York et Genève – bénéficie d'un statut particulier. Pour le visiter, vous devrez donc présenter votre carte d'identité. Mais vous pouvez aussi vous contenter d'admirer les reflets du coucher du soleil sur les 24 000 fenêtres de ses façades.

❺ Gänsehäufel★★

Moissigasse 21
M° Kaisermühlen (U1)
et bus 90a
www.gaensehaeufel.at
T. l. j. de mai à mi-sept.

Si vous faites partie de cette catégorie de sportifs qui ne conçoit pas le week-end sans culture physique, un détour s'impose dans cette petite île du Vieux Danube devenue le paradis des *Multiaktivisten* : tennis, volley, canotage, voile, sans oublier la gigantesque *Strandbad* (« plage » de 270 000 m^2), dont les installations passent pour l'un des meilleurs exemples de l'architecture d'après-guerre.

❻ Strandbar Herrmann★

Herrmannpark
M° Schwedenplatz (U1)
www.strandbarherrmann.at
Avr.-sept. : t. l. j. 10h-2h.

Dès les beaux jours, les berges du canal du Danube se métamorphosent en plages avec bars et transats : vous aurez le choix entre le Summerstage au Rossauer Lände, l'Adria Wien au pied du Salztorbrücke… mais de tous ces spots, le plus branché, c'est le Strandbar Herrmann, situé juste à côté de l'Urania. La bande-son y est idéale pour siroter un *drink* au fil de l'eau et il y a, le dimanche, une séance « yoga-dans-le-sable » juste avant le brunch.

❼ BADESCHIFF★★

Juste à côté de l'hydroglisseur qui rallie Bratislava en 75 min, vous trouverez, amarré au quai, un ex-cargo où l'on peut faire d'une pierre trois coups : clubber, barboter et grignoter. Eh oui ! On ne dirait pas à le voir comme ça, mais le Badeschiff est un restau-boîte de nuit-piscine en plein air avec transats, parasols, toit ouvrant et super DJ, qui propose même le mercredi soir des « parties fondue » à 19 €. À vos maillots !

Au pied du Schwedenbrücke – M° Schwedenplatz (U1)
☎ 151 307 50 – www.badeschiff.at – Mai-sept. : 10h-20h.

Stephansdom

La cathédrale Saint-Étienne dont la tour sud, haute de 137 mètres, veille sur la vieille ville depuis 1433, conserve un très grand nombre de décors gothiques et baroques, bien qu'elle ait été détruite à 45 % à la fin de la Seconde Guerre mondiale.

Les toitures

Sachant qu'elles sont habillées de 230 000 tuiles vernissées et que chaque tuile pèse 2,5 kg, on vous laisse calculer le poids du toit de la cathédrale !

COORDONNÉES

Stephansplatz (H7)
M° Stephansplatz (U1, 3)
☎ 515 52 35 26
Dates des concerts sur www.dommusik-wien.at
Lun.-sam. 6h-22h, dim. 7h-22h
Accès libre sf ascenseur de la tour nord : 4,50 € (8h30-16h40, 17h40 en été)
Voir p. 42.

L'ensemble compose un motif en zigzag entrecoupé d'une rangée de losanges, qui rappelle un peu les tapis d'Orient. Sur la face sud figurent la date, 1831, les armes de l'Empire autrichien et le monogramme de François Ier (FI).

Le maître-autel

Au fond de la nef centrale trône, tel un portail monumental, le premier de tous les autels baroques de Vienne (1647). Il est constitué d'un socle en marbre noir de Pologne, de pilastres en marbre gris de Styrie, d'ornements en marbre blanc du Tyrol et d'un beau retable en étain représentant la lapidation de saint Étienne sous les murs de Jérusalem. Le peintre (Tobias Pock) apparaît sur la partie gauche du tableau, sous les traits d'un jeune homme accompagné d'un chien.

La chaire

C'est du haut de cette fameuse chaire en grès (3e pilier gauche) que, le 7 octobre 1938, l'archevêque de Vienne – le cardinal Innitzer qui, quelques mois plus tôt, avait fait allégeance au nouveau régime en le saluant d'un « Heil Hitler » – prononça un sermon pour rappeler aux Viennois qu'au fond, ils n'avaient « qu'un seul Führer : Jésus-Christ ». Il semble que les Jeunesses hitlériennes aient été irritées par le sermon : elles ne tardèrent pas à prendre d'assaut son palais, au n° 6 de la Stephansplatz.

Demel

Derrière la façade baroque de l'ancien palais Bucquoy, la plus célèbre pâtisserie d'Autriche n'est pas seulement un temple de la gourmandise. C'est aussi un véritable monument historique. Un petit musée, aménagé au sous-sol, retrace d'ailleurs la saga de cette enseigne mythique et de ses principaux acteurs.

Le Marzipan Museum

Il réunit toutes sortes d'objets : des figurines en massepain et en sucre candi, de vieux moules à *Guglhupf* et à langues-de-chat, des croquis de généreux gâteaux et d'augustes livres de comptes sur lesquels étaient soigneusement consignés les titres des clients, et bien d'autres souvenirs encore, liés à Christoph Demel, qui ouvrit la pâtisserie sur le Kohlmarkt en 1857…

La pâtisserie

… ou à l'aristocrate d'origine italo-hongroise Federico Berzeviczy-Pallavicini (décédé en 1989), époux de Klára Demel, qui sut rendre aux salons leur décor d'origine. À l'entrée, le comptoir en acajou et bronze séduit autant par la diversité des tartes qui s'y amoncellent – on en confectionne 230 chaque jour – que par le style des *Demelinerinnen*, les serveuses qui s'y affairent : habillées de noir depuis la mort de l'impératrice Élisabeth, elles s'adressent toujours aux clients à la troisième personne.

Les étages

Du jardin d'hiver, un escalier permet d'accéder à la superbe cuisine ainsi qu'aux salons de réception qui étaient déjà affectés, du temps de la monarchie, à des bals, des cocktails et des fêtes privées. Ils sont ornés, comme il se doit, de lustres en cristal de Lobmeyr ou en verre de Murano, de plafonds à caissons et de poêles en faïence (chambre d'Anna Demel au 2e étage).

COORDONNÉES

Kohlmarkt 14 (G7)
M° Herrengasse (U3)
☎ 535 17 17
www.demel.at
Lun.-dim. 9h-19h
Musée : t. l. j. 11h-18h
(les groupes n'ont pas accès au musée)
Voir p. 45.

Haus der Musik

Le palais de l'archiduc Charles de Habsbourg, où vécut longtemps Otto Nicolai, fondateur en 1842 du Philharmonique de Vienne, cache aujourd'hui, derrière sa façade pralinée, une Maison de la musique. Ce bel espace, qui draine des légions de jeunes mélomanes prêts pour un grand voyage dans le monde merveilleux du son, a reçu le prix national des Musées en 2002.

La sonosphère

Dès le 2e étage, un labyrinthe vous invite à explorer la diversité des bruits du cosmos, des plus banals – le sifflement d'une balle de ping-pong, un raclement de gorge, la clameur du métro… – aux plus inattendus, comme le ronron de la mer sur l'île de Pâques, le gazouillis d'un village d'Anatolie ou encore celui de la première expérience auditive : le murmure prénatal.

Les grands maîtres

C'est au 3e étage que vous saurez tout sur les compositeurs – Haydn, Schubert, Strauss, Mahler, Schönberg… – qui ont fait de Vienne la capitale européenne de la musique. Y sont exposés quelques-uns de leurs instruments, mais aussi des partitions, des lettres et des photographies. À ne pas manquer : les décors conçus en 1816 par le Berlinois Karl-Friedrich Schinkel pour *La Flûte enchantée* de Mozart et le plan de Vienne qui recense les différents appartements de Beethoven (il a déménagé 68 fois !).

Le Brain Opera

Inventé par Tod Machover, professeur de composition à l'institut de Technologie du Massachusetts, le Brain Opera (« Opéra mental », 4e étage) est une sorte de laboratoire bourré de micros, d'écouteurs, de magnétos et de percussions, qui permet à chacun d'enregistrer sa voix, de créer sa musique et de la mixer avec les fantaisies acoustiques des autres visiteurs. C'est… récréatif !

COORDONNÉES

Maison de la musique
Seilerstätte 30 (H8)
M° Karlsplatz (U1, 2, 4)
☎ 513 48 50
www.hausdermusik.at
T. l. j. 10h-22h
Entrée plein tarif : 11 € (15 € avec la Mozarthaus, p. 42)
Voir p. 47.

Museum für angewandte Kunst

Référence incontournable dans le domaine des arts appliqués, le « MAK » est l'un des musées les plus enthousiasmants de Vienne. Il réunit, dans un bâtiment de briques rouges et selon une très habile mise en scène, un choix d'objets qui marquent la vie des Autrichiens depuis plusieurs générations : céramique, verres...

Le cabinet Dubsky

Notre coup de cœur n° 1 ? La reconstitution, au milieu de la salle 2 (« Barock »), de l'un des premiers cabinets de porcelaine européenne. Cette exquise pièce qui se trouvait autrefois au palais Dubsky de Brno (Moravie) fut entièrement décorée, vers 1724, par la comtesse Maria Antonia von Czobor, née Liechtenstein, de boiseries marquetées et de porcelaines viennoises : elles portent en effet l'estampille de la manufacture Du Paquier (voir p. 21).

Les chaises Thonet

Par un bel effet de « lanterne magique », de longs vélums blancs mettent en valeur la ligne élastique et raffinée des créations de Michael Thonet, menuisier de génie qui obtint de l'empereur le privilège de courber le hêtre à la vapeur. Son succès fut tel qu'en 1915, la firme Thonet proposait à la vente 1 400 modèles de meubles, dont le *canapé n° 4*, le *rocking-chair* et le *siège n° 25*, que l'on voit ici (salle « Historismus »), à côté des chaises d'Adolf Loos pour le café Museum et de Josef Hoffmann pour le sanatorium de Purkersdorf.

Ateliers viennois

La salle n° 16 au 1er étage est entièrement consacrée à la production si soignée des Wiener Werkstätte, les fameux Ateliers viennois (p. 15). Profitez-en pour jeter un œil sur le délicat service à thé en argent et corail de Hoffmann (n° 105), les pendentifs de Moser et le livre de Brod relié d'un maroquin à fleurs stylisées (n° 159).

COORDONNÉES

Musée des Arts appliqués
Stubenring 5 (I7)
M° Stubentor (U3)
☎ 711 36 0 / ☎ 712 80 00
www.mak.at
Mar. 10h-22h, mer.-dim. 10h-18h
Entrée plein tarif : 7,90 € (gratuit sam.)
Voir p. 50.

Hofburg

On a peine à imaginer qu'à l'origine, le palais impérial n'était qu'un modeste fortin entouré de douves. Il est vrai que, depuis sa fondation par Ottokar II en 1275, il s'est beaucoup étoffé au fil des siècles, pour abriter aujourd'hui la présidence de la République, la Bibliothèque nationale, le Manège espagnol, le musée Sissi et de très riches collections.

Schatzkammer

C'est, avec celui des appartements impériaux (voir p. 37), le musée le plus visité de la Hofburg. Y sont conservés, entre autres trésors, les insignes et joyaux de l'Empire : les manteaux de soie rouge, les sceptres d'argent et toutes sortes de couronnes plus précieuses les unes que les autres, comme celle de Rodolphe II, sertie d'un gros saphir (salle 2), ou celle d'Otton le Grand, tout en plaques d'or (salle 11), qui date de 962.

Silberkammer

La collection des porcelaines et de l'argenterie de la Cour devrait séduire tou(te)s les accros de l'art de la table façon « grand monde ». Il y a là des pièces triées sur le volet provenant de manufactures célèbres (Sèvres, Meissen, Augarten...), un impressionnant service en vermeil prévu pour 140 convives et un service en argent spécialement exécuté par la firme Arthur Krupp en 1893 pour les voyages en mer de l'impératrice Sissi.

Rüstkammer

Aujourd'hui exposée dans l'aile du palais que l'on appelle « Neue Burg » (voir p. 53), la collection d'armes et d'armures des premiers empereurs d'Autriche réunit des centaines de cottes de mailles, hallebardes et cuirasses, dont certaines sont un peu intimidantes. C'est le cas du casque à visière de l'archiduc Ferdinand Ier de Tyrol, en forme de... museau de renard (1526).

COORDONNÉES

Palais impérial
Michaelerplatz 1 (G7)
M° Herrengasse (U3), Stephansplatz ou Volkstheater (U2)
www.hofburg-wien.at
• **Schatzkammer** : mer.-lun. 10h-18h ; entrée plein tarif : 12 € (18 € avec Neue Burg et KHM)
• **Silberkammer** : t. l. j. 9h-17h30 (18h juil.-août) ; entrée plein tarif : 10,50 € (ticket valable pour les Kaiserappartements, p. 37)
• **Rüstkammer** : mer.-dim. 10h-18h ; entrée plein tarif : 12 € (ticket valable pour le KHM, p. 53).
Voir p. 52-53.

Kunsthistorisches Museum

Pour faire court, on l'appelle « Kunst » ou « KHM », mais ce palais monumental, édifié sous le règne de François-Joseph (1891), est l'un des plus riches musées d'Europe. Ses 250 000 œuvres d'art reflètent à merveille le goût des amateurs avisés qui les ont collectionnées au fil des siècles : les Habsbourg.

L'école italienne

Dans les salles I à VII du 1er étage sont réunis quelques-uns des chefs-d'œuvre de Titien, Véronèse, Giorgione et du Tintoret – quatre ténors de la Renaissance vénitienne pour lesquels l'archiduc Léopold-Guillaume (1614-1662) avait un faible –, mais aussi une superbe série, plus tardive, de treize vues de Vienne, exécutées par un neveu très doué de Canaletto : Bernardo Bellotto (1721-1780).

Flamands et hollandais

Autre collection séduisante : celle des tableaux flamands et hollandais exposés dans les salles IX à XV du 1er étage. Il y a là des Rubens, des Rembrandt, un remarquable Vermeer (*Le Peintre dans son atelier*, de 1666) et pas moins de quatorze œuvres de Bruegel l'Ancien, dont la fameuse *Tour de Babel* (1563) qui faisait partie des collections de l'empereur Rodolphe II et qui est un peu au KHM ce que la *Joconde* est au Louvre.

Objets d'art

Ne boudez pas l'entresol (réouverture prévue en 2013) : il déborde d'objets plus bizarres les uns que les autres, comme la crédence à fossiles de dents de requin, la coupe en corne de rhinocéros ou encore la salière en or que le roi Charles IX de France offrit à l'archiduc Ferdinand II de Tyrol en 1570 – une pièce d'orfèvrerie totalement inutilisable mais d'une grande valeur artistique qui associe, sur un socle en ébène orné d'hippocampes, le dieu de la Mer (pour le sel) et la déesse de la Terre (pour le poivre).

COORDONNÉES

Musée d'Art ancien
Maria-Theresien-Platz (G8)
M° MuseumsQuartier (U2)
☎ 525 24 0
www.khm.at
Mar.-dim. 10h-18h (21h jeu.)
Audioguide en français pour les collections permanentes
Entrée plein tarif : 12 € (18 € avec Neue Burg et Schatzkammer)
Voir p. 53.

MuseumsQuartier

Vous ne pouvez pas le rater : conçu par les architectes Laurids et Manfred Ortner à la charnière entre la vieille ville et le quartier de Spittelberg, le « MQ » est une oasis de culture, un complexe dynamique et éminemment stimulant, ouvert à la danse, à la jeune création, à la scène électronique et à l'art contemporain.

Leopold Museum

Commencez par le gros cube en calcaire blanc : c'est l'une des institutions majeures du MuseumsQuartier. Y sont réparties, sur cinq niveaux, quelques-unes des 5 266 œuvres – valeur totale estimée à 575 millions d'euros ! – que le Dr. Rudolf Leopold et sa femme Elisabeth ont collectionnées avec infiniment de flair pendant cinquante ans. Comme ils ont une nette prédilection pour l'art autrichien de la première moitié du XXe s., vous y verrez surtout des peintures de Klimt, Moser et Kokoschka (niveau 4), Anton Kolig (niveau 3) et, *last but not least*, un choix exceptionnel de tableaux, fiévreux et pour ainsi dire « hantés », d'Egon Schiele (niveau -1).

Le Mumok

De l'autre côté de la place s'élève un autre cube qui aurait pu être le frère jumeau du Leopold, s'il n'était revêtu d'un basalte gris anthracite. Il s'agit du musée d'Art moderne/fondation Ludwig, *alias* « Mumok », qui s'est distingué, sous l'impulsion de son précédent conservateur, Lóránd Hegyi, par ses expositions autour de l'art contemporain en Europe centrale. Aujourd'hui, le Mumok s'attache plutôt à présenter par roulement, suivant un cycle annuel intitulé « Fokus », les collections de la maison : pop art, fluxus, arte povera, land art, etc. À ne pas manquer : la vue panoramique sur Vienne depuis la grande baie du niveau 8.

L'AzW

Derrière ces trois lettres se cache une salle d'expos temporaires dédiée à l'architecture du XXe s. et du futur, où l'on découvrira, à travers maquettes et photos, que Vienne élabore plein de stratégies nouvelles pour créer un urbanisme intelligent, respectueux de l'écologie. Pour preuve : les récents logements de Hütteldorf am Mauerbach. En sus : une bibliothèque spécialisée et, chaque dimanche, des balades architecturales dans Vienne.

le petit Lomoshop, qui cache sous l'escalier du Mumok ses gadgets rigolos, et le Cheap Records, où l'on trouve les CD du label « Pulsinger & Tunakan ». Mais on peut leur préférer la librairie W. König (voir p. 125), qui aligne ses albums photo et archi dans l'ovale baroque du hall d'entrée.

COORDONNÉES

Museumsplatz 1-5
(B3-4/C3-4)
☎ 523 58 81 1730
www.mqw.at
M° MuseumsQuartier (U2)
· Leopold Museum :
Mer.-lun. 10h-18h (21h jeu.)
www.leopoldmuseum.org
Entrée plein tarif : 11 €
· Mumok :
Lun. 14h-19h, mar.-dim. 10h-19h (21h jeu.)
Entrée plein tarif : 9 €
· AzW :
T. l. j. 10h-19h
Entrée plein tarif : 7 €
· Kunsthalle :
T. l. j. 10h-19h (21h jeu.)
Entrée plein tarif : 8,50 €
Voir p. 54.

Kunsthalle

Aménagée dans l'ancien manège d'hiver, la « halle d'Art » est un espace fonctionnel, très épuré, qui privilégie la vidéo, la photo, les médias contemporains et les installations. L'intérêt de l'expo dépend beaucoup du plasticien. Parmi les rétrospectives phares de ces dernières saisons, citons Matthew Barney, Louise Bourgeois, Shirin Neshat et surtout le « Wiener Gruppe » qui constitue, avec ses happenings et ses cabarets, l'une des contributions les plus importantes de l'Autriche à l'art international après 1945.

Cafés & boutiques

En ce domaine aussi, vous n'aurez que l'embarras du choix : salades de poulet-ananas et roquette servies sur fond de rythmes *chill out* dans le cadre branché du restaurant Die Halle ; cocktails et plats végétariens à la terrasse du Mumok ou café viennois au Leopold avec projections de films expérimentaux. Notre favori reste Corbaci, le bistrot de l'AzW qu'Anne Lacaton et Jean-Philippe Vassal ont eu la bonne idée d'habiller de carreaux turcs. Côté shopping, il y a bien sûr

Hofmobiliendepot

Autrefois, les palais impériaux et châteaux de plaisance où les Habsbourg avaient coutume de résider en fonction des saisons n'avaient pas de mobilier fixe. Il leur fallait donc déménager à chaque fois les objets dont ils avaient besoin. Jusqu'au jour où Marie-Thérèse (1747) eut l'idée de créer un dépôt central et de nommer à sa tête un inspecteur, responsable de leur transport…

Dépôt et atelier

… de leur inventaire, mais aussi de leur entretien. De fait, à côté du dépôt proprement dit (Begehbares Depot, salle 17), qui regorge de meubles de tous styles et de toutes catégories, un atelier (salle 15) initie le visiteur aux différentes techniques du tapissier, du marqueteur et du doreur à la feuille.

Biedermeierkojen

Entre les deux, la salle 16 forme une suite de quinze alcôves aménagées en 1924 selon un goût qui s'est forgé dans les années 1815-1848 et qui a longtemps imprégné la culture viennoise : le Biedermeier. L'ensemble constitue un véritable catalogue de l'art de vivre bourgeois à l'intention des décorateurs et de leurs clients. Rien n'y manque : la chambre de jeune fille, le salon avec son sapin de Noël, ses « îlots d'activité » (p. 35) et son papier peint fleuri. Pour un peu, on se croirait dans un appartement témoin !

Laxenburger Zimmer

La salle 7 réunit quelques objets provenant de Franzensburg – un château situé à 17 km au sud de Vienne, sur le domaine de Laxenburg, que l'empereur François Ier avait fait décorer de plafonds à caissons Renaissance et où la Cour séjournait souvent durant l'été. Certaines de ces « antiquités » sont fort séduisantes : le cabinet en poirier noir ébène (1600), les consoles italiennes au plateau marqueté d'agate, de jaspe et de marbre…

COORDONNÉES

Andreasgasse 7 (accès possible par la Mariahilfer Straße 88 – B4)
M° Zieglergasse (U3)
☎ 524 33 570
www.hofmobilien depot.at
Mar.-dim. 10h-18h
Entrée plein tarif : 7,90 €
Voir p. 57.

Belvédère

Après avoir mené contre les Ottomans de brillantes batailles qui lui valurent prestige et fortune, le prince Eugène de Savoie, chef de l'armée impériale, eut tout loisir de se consacrer à un projet moins... militaire : la construction de son double palais – un bel ensemble baroque aujourd'hui dédié à l'art autrichien.

L'art médiéval

Si vous êtes sensible au genre « primitif religieux », attardez-vous dans les anciennes écuries et dans l'aile droite du Belvédère supérieur : elles offrent un excellent aperçu de la période gothique. Statues polychromes et panneaux à fond d'or, exécutés par le Salzbourgeois Conrad Laib ou le Tyrolien Michael Pacher, y côtoient des retables très expressifs, tel le triptyque de Znaim (1427) qui évoque la Passion du Christ.

L'art baroque

Si vous préférez les trompe-l'œil et les martyrs en extase, optez pour le 1er étage (aile droite) du Belvédère supérieur : il y a là des nuées d'anges évanescents et des scènes allégoriques – signées Gran, Maulbertsch, Rottmayr ou Troger – qui illustrent à merveille l'esthétique du XVIIIe s. Mais ici, l'artiste le plus singulier reste Franz Xaver Messerschmidt (1736-1783). Ce sculpteur d'origine souabe s'est livré à toutes sortes de grimaces devant son miroir pour exécuter une série de 69 « têtes de caractère » suggérant différents états d'âme : la mélancolie, l'hypocrisie...

De 1770 à 1920

Ce n'est pas parce qu'elles font un peu « doublon » avec le musée Leopold (p. 80) qu'il faut bouder les autres collections : elles recèlent de superbes tableaux de Klimt, Schiele, Kokoschka... Le 2e étage réunit d'adorables paysages italianisants et une vue lumineuse du Naschmarkt peinte par Carl Moll en 1894.

COORDONNÉES

Prinz-Eugen-Straße 27
ou Rennweg 6a (D4-5)
Tram 71 ou D
☎ 795 570
www.belvedere.at
T. l. j. 10h-18h
Entrée plein tarif : 19 €
Voir p. 61.

Schönbrunn

Marie-Thérèse était très attachée à ce château de plaisance. C'est elle qui chargea l'architecte Pacassi de le remanier dans le goût rococo et de... l'agrandir. Il est vrai qu'il fallait y loger mille personnes : les enfants, les domestiques et les membres de la famille impériale, chaque couple ayant droit à dix chambres !

La grande galerie

Avec ses 1 104 ampoules qui scintillent sur fond de miroirs et de stucs dorés, cette galerie de 40 m de long est de loin la plus flamboyante de toutes les salles d'apparat (*Prunkräume*). Destinée aux bals et aux réceptions, elle servait aussi de hall d'attente : le visiteur qui sollicitait une audience y patientait, des heures durant, sous le regard de François Ier et de Marie-Thérèse planant à 10 m de hauteur sur la fresque centrale, au milieu des nuages et des allégories des pays de la Couronne.

Les salles Bergl

Changement de décor ! Au rez-de-chaussée du palais, murs et plafonds sont peuplés de fleurs, d'oiseaux et de fruits merveilleux, peints avec fraîcheur et beaucoup de brio par Johann Bergl vers 1770. On dit qu'en été, lorsqu'il faisait trop chaud à l'étage, Marie-Thérèse descendait se réfugier dans cet univers exotico-tropical, peut-être inspiré par les planches que le botaniste Nikolaus Joseph von Jacquin venait tout juste de rapporter de ses expéditions en Inde et en Amérique du Sud...

Le parc

Prenez le temps d'arpenter ses allées diagonales ! Elles sont truffées de surprises : ici, un labyrinthe de 2 700 m^2, là des ruines « romaines » qui ont tout juste 200 ans. Et partout, dissimulées sous les charmilles, des statues en marbre des dieux et héros de l'Antiquité : Apollon, Mercure, Jason et la toison d'or...

COORDONNÉES

Schönbrunner Schloßstr. (HP par A5)
M° Schönbrunn ou Hietzing (U4)
☎ 811 13 239
www.schoenbrunn.at
· **Salles d'apparat** : Avr.-oct. : t. l. j. 8h30-17h (18h en été) ; nov.-mars : t. l. j. 8h30-16h30 ; 10,50 € le tour de 35 min, 13,50 € le tour de 50 min.
· **Labyrinthe** : avr.-oct., 9h-17h (19h en juil.-août) ; entrée plein tarif (labyrinthe) : 3,50 €.
Voir p. 62-63.

Prater

On vous l'accorde : le Prater a beaucoup perdu de son ambiance et de son pittoresque d'antan depuis que les autotamponneuses ont remplacé les traditionnels jeux de quilles. Mais la vue du haut de la grande roue est toujours aussi spectaculaire et le parc offre encore un généreux concentré de verdure aux fans de plein air.

La grande roue

Érigée en huit mois par l'ingénieur britannique Walter B. Basset (1897), la *Riesenrad* est la dernière survivante de toutes les grandes roues du XIXe s. Comme elle mesure 64 m de hauteur et tourne sans hâte (0,75 m/s ; le tour complet dure 20 min), vous aurez tout loisir d'apprécier le paysage alentour.

Le Pratermuseum

À côté du planétarium, un petit musée retrace l'histoire du parc, de ses dynasties de forains et des attractions qui faisaient fureur naguère : le fakir et la femme à barbe, l'homme-tronc et l'avaleur de sabre, les feux d'artifice et les trains fantômes. Le spectacle le plus sensationnel, conçu par Gabor Steiner (1895), avait pour thème « Venise à Vienne ». C'était une reconstitution – assez kitsch, au demeurant – de la cité des Doges avec de vrais gondoliers voguant sur un faux canal de 1 km de long…

Le « Prater vert »

Les stands de la fête foraine n'occupent que 10 % de la superficie totale du parc : bois, prairies, étangs et équipements sportifs se partagent le territoire restant que vous pourrez sillonner en petit train (Liliputbahn, terminus derrière la grande roue) ou à pied, en empruntant la Hauptallee qui traverse le Prater de part en part et qui était très prisée de la gentry vers 1900 : il était de fort bon ton, en effet, de défiler en calèche sous les marronniers.

COORDONNÉES

Prater (F2-3)
M° Praterstern (U1, 2)
☎ 726 76 83 (musée)
www.prater.at
• **Attractions** : t. l. j. 10h-minuit (20h en hiver) ; grande roue (10h-20h, en été 9h-23h45) : 8,50 €
• **Musée** : ven.-dim. 10h-13h et 14h-18h ; entrée plein tarif : 4 €
Accès libre au parc
Voir p. 72.

Séjourner mode d'emploi

Hôtels

Dans le 1er arr. de Vienne, on dénombre une trentaine d'hôtels « de luxe » (5 étoiles) et « de premier ordre » (4 étoiles), mais les hôtels 3 étoiles se comptent sur les doigts d'une main. C'est plutôt dans les arrondissements périphériques que vous trouverez des établissements de catégorie intermédiaire et des hôtels design à prix cassés (Motel One, Roomz...). En centre-ville, il existe aussi de petites pensions 4 étoiles. Souvent aménagées dans des immeubles de bureaux ou d'appartements privés, elles sont accueillantes et d'une propreté irréprochable. Ne soyez pas surpris par la déco de certains établissements : l'hôtellerie viennoise joue encore, parfois, la carte de la nostalgie Empire avec un mobilier un peu vieillot, des tentures empesées... Le petit déjeuner, en revanche, est réjouissant (la formule « buffet à volonté » inclut charcuteries, muesli, fruits frais, fromage blanc au concombre ou au paprika, petits pains) et généralement compris dans le prix annoncé.

Budget

Il existe *grosso modo* deux saisons : la *Sommersaison*, du 1er avr. au 31 oct., et la *Wintersaison* du 1er nov. au 31 mars. Les hôteliers pratiquent des prix moins élevés en hiver (à l'exception de la période des fêtes de fin d'année, pour laquelle ils appliquent le tarif « été »). Sauf mention contraire, les prix indiqués dans notre sélection (p. 88-91) sont ceux d'une chambre double standard, en basse et haute saison, petit déjeuner inclus. Elle comprend : des établissements à prix sympas (entre 80 et 120 € la double), des adresses de charme (de 120 à 170 €), des hôtels chers mais chic (170-250 €) ainsi que deux adresses glamour pour celles et ceux qui voudraient s'offrir un week-end de rêve à Vienne. Petite précision : en Autriche, on ne dort pas entre des draps, mais sous une couette, et les grands lits « à la

SE REPÉRER

Nous avons indiqué pour chaque adresse Séjourner sa localisation sur le plan général ou sur le zoom (B2, G8...). Pour un repérage plus facile en préparant votre week-end ou lors de vos balades, nous avons signalé sur le plan par un symbole jaune toutes les adresses de ce chapitre, sauf les hôtels. Le numéro en jaune signale la page où elles sont décrites.

française » sont plutôt rares (il s'agit, dans le meilleur des cas, de lits jumeaux accolés).

Réservation

Vous pouvez prendre directement contact avec l'établissement de votre choix. Vous pouvez aussi vous adresser au **Wien Hotels**, le bureau de réservations de l'office de tourisme de Vienne,
☎ 00 431 24 555
Ⓕ 00 431 24 555 666
www.wien.info/fr
ouv. t. l. j. de 9h à 19h, qui édite une liste complète, *Hotel Guide Pensions & Apartments*, dont les tarifs sont actualisés sur Internet (www.vienne-autriche.info). Si vous ne parlez ni l'allemand ni l'anglais, vous avez peut-être intérêt à passer par les services de l'association d'hôteliers francophones **Autriche pro France** (☎ 0 825 062 063, www.autriche.com).

VERSION BIEN-ÊTRE

Envie de décompresser ? Direction : le Spa ! Celui de l'hôtel **Sacher** (p. 90) pratique le peeling au chocolat (entre 120 et 190 €), celui du **Radisson** préfère le massage hawaïen (105 €, Parkring 16, I7, ☎ 515 17 88 88, lun.-ven. 8h-21h, sam.-dim. 10h-21h). Et il y a aussi, à deux pas de la cathédrale, le **Pure Day Spa** (Tuchlauben 11, H6, ☎ 532 69 22, www.dayspa.at, lun.-ven. 8h30-18h30, jeu. 8h30-21h, sam. 8h30-18h). Vous rêvez de passer tout un week-end dans une vraie bulle de détente ? Optez pour un hôtel-Spa à la campagne, comme le **Therme Laa** (à 1h30 de Wien-Mitte par la S-Bahn, www.therme-laa.at) ou le **St. Martins Lodge** à Frauenkirchen (70 km à l'est, www.stmartins.at).
Chacun de ces paradis a sa formule magique pour vous aider à vous ressourcer : gommages au miel, soins à l'huile de chanvre… **Infos sur le bien-être à l'autrichienne : vacances@austria.info**

Restaurants

Vienne connaît aujourd'hui un véritable « boom » de la restauration. Jusque dans les années 1970, le paysage était, avouons-le, passablement ennuyeux. Aujourd'hui, les menus se sont diversifiés, la qualité du service s'est très nettement améliorée et l'on trouve désormais en ville, outre les spécialités traditionnelles de l'Empire et les recettes des autres provinces autrichiennes, un véritable kaléidoscope d'effluves et de saveurs : pizzerias, restaus croates et indonésiens, self-services du type Rosenberger (Maysedergasse 2, H7-8, t. l. j. 11h-22h), fast-foods des galeries marchandes (comme Akakiko pour les sushis ou Nordsee pour le poisson), sans oublier une nouvelle gamme d'établissements terriblement design, genre Fabios ou Yellow, lancée par un *team* d'architectes branchés. Il y en a donc pour tous les goûts.

Signes particuliers

Les horaires, en revanche, ont peu changé. En Autriche, en effet, on déjeune et on dîne plus tôt qu'en France : entre midi (voire 11h30) et 13h pour le déjeuner et entre 18h30 et 20h pour le dîner. Rares sont les restaurants qui servent après 22h (le Café Drechsler, Linke Wienzeile 22, C4, propose des salades, des sandwichs, des saucisses au raifort, etc. 23h sur 24). Autres particularités locales : la consommation d'eau du robinet, à table, est tout à fait inhabituelle. Comme les Autrichiens boivent surtout de l'eau gazeuse, précisez *stilles Wasser* si vous désirez une bouteille d'eau minérale plate. La bière se boit ici en chope de 0,25 cl (*Pfiff*), 0,35 cl (*Seidel*) – c'est la mesure standard – et 0,50 l (*Krügel*). Elle est parfois panachée mi-blonde mi-brune (*Mischbier*) ou mi-bière mi-limonade (*Radler*), à l'instar du vin que les Viennois allongent parfois d'eau minérale gazeuse (*G'Spritzt*). Le café des fins de repas se prend au café plutôt qu'au restaurant.

Budget

Comptez environ 20 € pour un déjeuner dans un restaurant basique, 35 € dans un établissement plus élégant, boissons non comprises. La bouteille atteignant souvent des prix prohibitifs, le vin est généralement servi au verre. Si un déjeuner léger dans un café *Konditorei* (p. 13) peut se révéler onéreux (surtout si vous le prenez chez Demel), sachez qu'il est toujours possible de vous nourrir à moindres frais dans des restaus à prix fixe. Les prix s'entendent service inclus, cependant il est d'usage de laisser un pourboire (10 %). Mais attention, celui-ci ne se laisse pas sur la table, il faut le préciser au serveur au moment où l'on règle l'addition.

Hôtels

1 - Daniel Wien
2 - Motel One
3 - 25 hours Hotel
4 - Pertschy

HÔTELS À PRIX SYMPAS

Kärntner Straße

Neuer Markt

Seilergasse 9 (H7)
M° Stephansplatz
☎ 512 23 16
www.hotelpension.at
De 60 à 170 €.

À deux pas du Neuer Markt, une pension discrète, sans prétention mais agréable, en haut d'une imposante cage d'escalier. 37 chambres dans une gamme de roses et de blancs. Bon rapport qualité/prix.

Spittelberg/ Volkstheater

25 hours Hotel

Lerchenfelder Straße 1-3 (B3)
M° Volkstheater
☎ 521 51 0
Fax 521 51 888
www.25hours-hotels.com
De 89 € (standard)
à 130 € (suite).

Le pied-à-terre des « nomades modernes » : deux étages de suites, décorées sur le thème du cirque (Jude Law a dormi dans la n° 614 !), deux étages de standards sympas (disponibles fin 2012) et un bar-lounge au 8e (*Dachboden*) avec vue panoramique. 15 % de réduction pour les moins de 25 ans.

Mariahilf Gare de l'Ouest

Motel One

Europaplatz 3 (A4)
M° Westbahnhof
☎ 359 350
Fax 359 35 10
www.motel-one.com
84 € la double ;
petit déj. : 7,50 €.

Situé juste à côté de la gare de l'Ouest, cet hôtel flambant neuf (nov. 2011) joue la carte du « beaucoup de design pour pas cher » : lavabo-vasque sur tablette en granit sombre, luminaires Artemide… Petit déjeuner généreux.

Altwienerhof***

Herklotzgasse 6 (A5)
M° Gumpendorfer Str.
☎ 892 60 00
www.altwienerhof.at
De 89 à 149 €.

Ses 26 chambres décorées de velours, napperons en dentelle et marbre sauront vous faire oublier ce quartier excentré et pas très folichon. Petit déjeuner servi en plein air ou dans le jardin d'hiver. Offres spéciales sur le net.

Naschmarkt

Wombat's Naschmarkt

Rechte Wienzeile 35 (C4)
M° Kettenbrückengasse
☎ 897 23 36
Ⓕ 897 25 77
www.wombats-hostels.com
De 58 € (dim.-jeu.) à 70 € (ven.-sam.)
Petit déj. : 3,50 €.

Face au Naschmarkt (p. 59), les globetrotters Marcus et Sascha ont ouvert en 2011 leur 3e *Wombat*, sorte d'hôtel-AJ convivial, ultra-propre, génial et pas cher, aux doubles spacieuses. Comme il y en a peu, réservez longtemps à l'avance !

Drei Kronen***

Schleifmühlgasse 25 (C4)
M° Kettenbrückengasse ou Karlsplatz
☎ 587 32 89
Ⓕ 587 32 89 11
www.hotel3kronen.at
De 75 à 149 €.

Cet hôtel de 1894, à l'enseigne des trois couronnes (Autriche, Hongrie et Bohême), a conservé sa vénérable cage d'escalier mais ses 41 chambres (4 m de hauteur sous plafond !) ont été modernisées en 2008. Wifi gratuit.

Belvédère

Daniel Wien

Landstraßer Gürtel 5 (D5)
Tram D arrêt Schloß Belvedere
☎ 90 13 10
www.hoteldaniel.com
92 € (18 m²) ou 112 € (22 m²).

Hôtel de 115 chambres, inauguré fin 2011, près du Belvédère supérieur et du chantier de la future Gare centrale. Il y a 4 catégories de chambres, toutes aménagées avec soin dans le même style épuré et résolument contemporain. Petit déjeuner sympa et forfaits intéressants.

Josefstadt

Baronesse

Lange Gasse 61 (B2)
M° Rathaus
☎ 405 10 61
Ⓕ 405 10 61 61
www.secrethomes.at
De 111 à 147 €.

À quelques minutes à pied de l'hôtel de ville, une pension de 39 chambres décorées dans le vieux style, en rose et crème. Les plus calmes donnent sur la cour. Formule « 4=3 » (4 nuits au prix de 3).

Zipser***

Lange Gasse 49 (B2)
M° Rathaus
☎ 404 540
Ⓕ 404 54 13
www.zipser.at
De 79 à 139 €.

Aménagé dans un immeuble de 1904, ce chaleureux et lumineux hôtel appartient à la même famille depuis 3 générations. 55 chambres, dont certaines (côté jardin) sont dotées d'un balcon.

Hors visite

Roomz

Paragonstr. 1 (HP par F5)
M° Gasometer (U3)
☎ 743 17 77
www.roomz-vienna.com
De 92 à 120 € (59 € en hiver).

Un hôtel très excentré mais situé à 200 m seulement d'une station de métro d'où l'on peut rallier la Stephansplatz en 12 min top chrono. 152 chambres « cool » et design (2007).

HÔTELS DE CHARME

Graben

Nossek

Graben 17 (H7)
M° Stephansplatz
☎ 533 70 41
www.pension-nossek.at
De 120 à 160 €.

La pension 3 étoiles la plus centrale du 1er arrondissement ! 31 chambres, décorées à l'ancienne mais très convoitées. Réception au 2e étage.

Pertschy

Habsburgergasse 5 (H7)
M° Stephansplatz
☎ 53 44 90
www.pertschy.com
De 125 à 197 €.

Au fond de la cour du palais Cavriani, un hôtel de 55 chambres décorées dans les tons beige et cramoisi, avec luminaires en cristal et mobilier plus ou moins rococo. Quartier des antiquaires.

Kärntner Straße

Aviano

Marco-D'Aviano-Gasse 1
M° Stephansplatz (H7)
☎ 512 83 30
www.secrethomes.at
De 125 à 170 €.

Juste à côté du légendaire Reiss-Bar (p. 135), une pension de 17 chambres réparties sur 2 étages, aux 3e et 4e. Les meubles sont crème et les miroirs dorés. Offres spéciales sur le net.

Spittelberg

Altstadt Vienna

Kirchengasse 41 (B3)
M° Volkstheater
☎ 526 33 99 ou 522 66 66
www.altstadt.at
De 120 à 179 €.

La pension la plus charmante de Vienne ! Grâce à l'architecte Matteo Thun qui a refait la déco des 28 chambres, couleurs et tissus s'harmonisent avec les hauts plafonds et les parquets en bois. Le personnel, souriant et francophile, fera l'impossible pour vous trouver une place à l'Opéra.

Mariahilf Gare de l'Ouest

Am Brillantengrund★★★

Bandgasse 4 (B4)
M° Zieglergasse
☎ 523 36 62
www.brillantengrund.at
De 110 à 140 €.

Dans une maison du XVIIIe s. située à trois minutes à pied du Dépôt du mobilier impérial (p. 57), 30 chambres à la déco une peu vieillotte, une jolie cour intérieure où l'on peut prendre son petit déjeuner et une remise à bicyclettes.

Stadthalle★★★

Hackengasse 20 (A4)
M° Westbahnhof
☎ 982 42 72
Ⓕ 982 42 72 56
www.hotelstadthalle.at
De 118 à 168 €.

Panneaux solaires, pompe à chaleur, murs végétalisés et massifs de lavande sur le toit… : voici un sympathique hôtel éco-responsable qui joue à fond la carte du tourisme durable avec 81 chambres tout confort au bilan énergétique nul. Réductions sur les séjours avec arrivée le dim.

Naschmarkt

Carlton Opera★★★

Schikanedergasse 4 (C4)
M° Karlsplatz
☎ 587 53 020
Ⓕ 581 25 11
www.carlton.at
De 80 à 200 €.

Un hôtel de 1904, construit à deux pas du Naschmarkt (p. 59) par Oskar Neumann, un architecte de la Sécession. 52 chambres. Les moins chères sont confortables mais un peu vieillottes. Prix spécial familles sur demande.

Ring

Am Schubertring

Schubertring 11 (H8)
M° Stadtpark
☎ 71 70 20
www.schubertring.at
De 110 à 200 €.

Un immeuble bourgeois du XIXe s., à proximité du Konzerthaus. 39 chambres Biedermeier ou Jugendstil décorées dans des teintes acajou, crème et pêche. L'ambiance est feutrée, la clientèle classique. Plus calme à l'arrière.

Josefstadt

Josefshof★★★★

Josefsgasse 4-6 (B3)
M° Rathaus (U2)
☎ 404 19
www.josefshof.com
De 89 à 229 €.

Vers 1900, c'était le siège d'un odieux journal ultra-conservateur qui avait traîné Klimt dans la boue, mais aujourd'hui c'est un hôtel de 121 chambres assez cosy. Accueil souriant.

The Levante Laudon

Laudongasse 8 (B2)
M° Volkstheater
☎ 407 13 70
Ⓕ 407 13 71
www.thelevante.com
165 €/j. ; petit déj. : 7 €.

Dispose de six appartements ultra-design et lumineux avec kitchenette. Les Superior City (35 m^2) se louent 135 € à partir du 7e jour.

Alsergrund

Boltzmann★★★★

Boltzmanngasse 8 (B1)
Tram 40 ou 41 depuis Schottentor ou Währingerstraße
☎ 354 500
Ⓕ 354 50 816
www.hotelboltzmann.at
155 € ; petit déj. : 14 €.

70 chambres modernes, fonctionnelles et calmes dans un hôtel excentré mais proche du palais Liechtenstein (p. 67). La déco très tonique privilégie le jaune et le rouge vif.

SACHER ET TRIEST

Vous pouvez casser votre tirelire ? Optez pour le Sacher ! Fondé en 1876 par Eduard Sacher (fils de l'inventeur du gâteau au chocolat), ce 5 étoiles n'est que raffinement : une équipe de tapissiers et menuisiers veille en permanence sur le décor de ses 152 chambres. Vous préférez le design ? Das Triest, ancien relais de poste sur la route de Trieste, a été relooké par Terence Conran. Résultat : 72 chambres limpides en merisier et lin blanc.

- **Sacher : Philharmonikerstraße 4 (H8) – M° Karlsplatz ☎ 51 456 0 – www.sacher.com (de 355 à 415 €).**
- **Das Triest : Wiedner Hauptstraße 12 (C4) – M° Karlsplatz ☎ 589 18 0 – www.dastriest.at (296 €).**

1 - Stadthalle
2 - Viennart
3 - Arenberg

CHER MAIS CHIC

Cathédrale

Kaiserin Elisabeth★★★★

Weihburggasse 3 (H7)
M° Stephansplatz
☎ 51 52 60
www.kaiserinelisabeth.at
De 134 à 216 €.

63 chambres dans un vénérable hôtel (1809), autrefois fréquenté par la noblesse, Wagner et Liszt. Un peu guindé peut-être mais très classe. Pour les fans de Sissi !

Kärntner Straße

König von Ungarn★★★★

Schulerstraße 10 (H7)
M° Stephansplatz
☎ 51 515 840
www.kvu.at
220 €.

Un monument classé, crépi de jaune Schönbrunn, avec 33 chambres douillettes, des meubles rustiques de Styrie et un jardin d'hiver où l'on peut prendre le petit déjeuner. Une oasis de charme à 100 m de la cathédrale.

Stubenviertel

Arenberg

Stubenring 2 (I6)
M° Stubentor
☎ 512 52 91
www.arenberg.at
De 145 à 265 €.

Derrière une façade un peu banale, une pension chaleureuse. Les dessus-de-lit et les rideaux donnent parfois dans le genre chargé mais les 22 chambres sont tout à fait coquettes. Arrêt de tram au pied de l'immeuble.

Spittelberg

Viennart★★★★

Breite Gasse 9 (B3)
M° Volkstheater
☎ 523 13 45
🄵 523 13 45 111
www.austrotel.at
210 €.

Derrière le Museums Quartier (p. 54), un hôtel moderne (38 chambres non-fumeur et 19 fumeur) qui vaut surtout pour ses offres spéciales (4 nuits au prix de 3, jusqu'à 50 % de réduction hors saison). Un peu bruyant côté rue.

Mariahilf Gare de l'Ouest

Das Tyrol★★★★

Mariahilfer Straße 15 (C4)
M° Museumsquartier
☎ 587 54 15
🄵 587 54 159
www.das-tyrol.at
De 149 à 249 €.

Un « *small luxury hotel* » de 30 chambres à la déco pimpante et soignée, stratégiquement situé au bas de la rue la plus « shopping » de Vienne. Bel espace *wellness*. Accueil souriant.

Ring

Le Méridien★★★★★

Opernring 13-15 (G8)
M° Karlsplatz
☎ 588 900
www.starwoodhotels.com
De 245 à 1 200 €.

294 chambres très inspirées (la déco est signée Yvonne Golds qui a rénové le British Museum), en bois d'érable, verre dépoli et chrome satiné. Espace balnéo épuré et lumineux. Forfaits week-end selon disponibilité.

Restaurants

1 - Palmenhaus
2 - Cantinetta Antinori
3 - Schubert
4 - Meierei im Stadtpark

Cathédrale et synagogue

Cantinetta Antinori

Jasomirgottstraße 3/5 (H7)
M° Stephansplatz
☎ 533 77 22
www.cantinetta-antinori.com
T. l. j. 11h30-minuit.

C'est toujours le meilleur italien de la ville. Dans un bel espace qui tend à ressembler à la loggia d'une villa des Médicis, le chef (Gottfried Krasser) régale le Tout-Vienne d'une cuisine rodée avec succès à Florence et à Zurich. Sa brochette de pintade au romarin frais est un délice, ses vins et son huile d'olive proviennent tout droit des collines de Toscane. Plats : 20-28 €.

Salzamt

Judengasse 1 (H6)
M° Schwedenplatz
☎ 533 53 32
www.salzamt-wien.at
T. l. j. 17h-minuit.

Un noyau dur du « Triangle des Bermudes » (voir p. 43). Dans un décor épuré signé Hermann Czech, une clientèle yuppie, jeune et mode se retrouve autour d'une carte italo-autrichienne avant de faire la tournée des bars du quartier. Parmi les valeurs sûres : l'escalope viennoise à la salade de pommes de terre (17,50 €) et le bœuf tartare (10 €). Sympathique et plein d'entrain.

Du côté du palais Ferstel

Leupold

Schottengasse 7 (G6)
M° Schottentor
☎ 533 93 81 12
www.leupold.at
T. l. j. 10h-minuit
Plat du jour : 9,90 €.

Ce restaurant réputé pour sa cave affiche dans un cadre opulent à la lumière tamisée tous les grands classiques de la gastronomie viennoise : *Tafelspitz* (17,50 €), *Butterschnit-*

zel, *Apfelstrudel*, etc. S'adresse surtout, on l'aura compris, aux gros appétits.

Schubert

Schreyvogelgasse 4 (G6)
M° Schottentor
☎ 533 19 97
www.restaurant-schubert.at
T. l. j. 11h-minuit.

Une cuisine mi-viennoise mi-méditerranéenne, légère et à prix doux : c'est ce que propose Albin Mayr dans son restaurant situé près de la garçonnière de Schubert (p. 49). Pour 21 €, vous aurez le droit à un menu à trois plats – raviolis à la crème de courge, darne de saumon sur risotto au safran... – servis dans une jolie salle baroque décorée d'une fresque en grisaille.

Stubenviertel

Oswald & Kalb

Bäckerstraße 14 (I7)
M° Stubentor
☎ 512 13 71
T. l. j. 18h-minuit.

Dans un *Beisl* inauguré en 1979 par deux marchands d'art, quelques plats viennois rehaussés de truffes ou de poivre de Szechuan pour une clientèle de plus en plus cosmopolite. Le *Tafelspitz* tourne autour de 17 €.

Meierei im Stadtpark

Am Heumarkt (I7)
M° Stadtpark
☎ 713 31 68
www.steirereck.at
Lun.-ven. 8h-23h,
sam.-dim. 9h-19h.

Grâce à Helmut Österreicher, le Steirereck s'était assuré une première place au firmament de la gastronomie viennoise. Le chef est parti pour le MAK (p. 50), remplacé par Heinz Reitbauer, un peu moins toqué, mais les sommeliers sont restés très aimables et l'assortiment de fromages (9,90 €) est toujours aussi opulent (nos préférés ; le Steirischer Weinkäse et le Rosé). Menu du soir à 120 € (côté restau), 36 € (côté « Meierei »).

Plachutta

Wollzeile 38 (I7)
M° Stubentor
☎ 512 15 77
www.plachutta.at
T. l. j. 11h30-minuit.

Comme votre week-end risque d'être très *Schnitzel* et *Tafelspitz* (23 €), mieux vaut savoir où déguster les meilleures. Certes, ce célèbre restau est cher, mais ses recettes sont épatantes et son service impeccable. Réservation recommandée !

Hofburg

Palmenhaus

Burggarten (G7)
M° MuseumsQuartier
☎ 533 10 33
www.palmenhaus.at
Lun.-jeu. 10h-minuit, ven.-sam. 10h-1h, dim. 10h-23h.

Grâce à Matthias Zykan, dont on salue les talents de chef à chaque bouchée, les bobos mangent désormais sur des nappes en papier au milieu des palmiers. Au menu : saumon mariné aux petites betteraves rouges et mousse de raifort (12,90 €). Pour accompagner ces agapes, douze vins dont le grüner Veltliner Achleiten Smaragd. Plat du jour à 9,50 €.

Josefstadt

Alte Backstube

Lange Gasse 34 (B3)
M° Rathaus
☎ 406 11 01
www.backstube.at
Mar.-ven. 11h-minuit,
sam. 17h-minuit,
dim. 12h-23h
F. mi-juil.-août.

Dans cette maison baroque où l'on a cuit le pain de 1697 à 1963, Brigitte Schwarzmann vous concocte en dialecte des plats extrêmement autrichiens, du genre roboratif qui ne plaisante pas. Mais *fia der de fleischlos glicklich san* – pour ceux, autrement dit, qui sont fâchés avec la longe de bœuf bouillie et le lard de poitrine –, il y a aussi des plats végétariens (8,60 € le *Strudel* de légumes).

Vestibül

Dr. Karl-Lueger-Ring 2 (G6)
M° Herrengasse
☎ 532 49 99
www.vestibuel.at
Lun.-ven. 12h-minuit,
sam. 18h-minuit.

Pour boire un bon verre de chardonnay dans un cadre historique ou dîner d'un filet de sandre au paprika (29 €) avant le lever du rideau, le « vestibule » du Burgtheater s'impose comme une halte élégante et plus que recommandable grâce au tour de main, parfois hardi, de son chef – Christian Domschitz – qui officie au milieu d'une ronde de stucs, de colonnes en marbre et de grands bouquets de branchages.

Alsergrund

Hansen

Wipplingerstraße 34 (C2)
M° Schottentor
☎ 532 05 42
Lun.-ven. 9h-23h,
sam. 9h-17h.

Qui aurait pu penser que dans les sous-sols de la lourde Bourse (*Börse*) se cache l'une des meilleures cantines de Vienne ? Son chef, Peter Althaus, élabore des recettes très inventives qui combinent, selon la saison, dattes, pistaches, massepain... C'est frais, charmant et inattendu. Plats entre 13 et 22 € selon... la taille !

Sur le pouce

1 - *Bitzinger*
2 - *Café Korb*
3 - *Café KHM*
4 - *Henry*

Cathédrale et synagogue

Café Korb

Brandstätte 9 (H6)
M° Stephansplatz
☎ 533 72 15
www.cafekorb.at
Lun.-sam. 8h-minuit, dim. 10h-23h.

Tous les cafés viennois ne se ressemblent pas. Le Korb, inauguré en 1904 et patiné à souhait, a un lounge très design au sous-sol et des toilettes dignes d'un vaisseau spatial. Le tout est un chouïa enfumé mais le menu du jour ne dépasse pas les 9,20 €, il y a des doubles *espresso* à la liqueur d'abricot, une bonne ambiance et plein de journaux. La clientèle ? Artiste, bobo et… philo !

Wrenkh

Bauernmarkt 10 (H6)
M° Stephansplatz
☎ 533 15 26
www.wiener-kochsalon.com
Lun.-sam. 12h-22h.

Le repaire favori des végétariens branchés. Saison après saison, Wrenkh n'en finit pas de séduire les Viennois avec ses risottos, ses tofus et autres petits plats élégamment servis dans un décor tout en bois et verre, conçu par les architectes Eichinger et Knechtl.

Graben

Trzesniewski

Dorotheergasse 1 (H7)
M° Stephansplatz
☎ 512 32 91
www.trzesniewski.at
Lun.-ven. 8h30-19h30, sam. 9h-17h.

Une adresse vieille comme le monde, où mamies affolées et jeunes cadres débordés se pressent, dans un décor « buffet-de-gare-de-province-comme-on-n'en-fait-plus », autour de délicieuses tartines au pain de seigle nappées d'œufs mimosa, de salami ou d'anguille fumée (1,10 €). À consommer debout, avec un doigt de bière. Le tout se prononce « tschesnievski ».

Wienerin

Petersplatz 1 (H7)
M° Stephansplatz
☎ 532 13 80
www.wienerin.org
T. l. j. 11h-minuit.

Voici une brasserie conviviale, un peu survoltée aux heures de pointe mais toujours souriante, où l'on sert sans chichis des plats du jour à 7,20 € et des verres de rouge viennois à 4,50 € (excellents Wieninger). La salle au fond, avec ses photos d'actrices sur les murs et ses tuyauteries apparentes sous le plafond, est non-fumeur. DJ certains soirs et dégustations le 1er jeu. du mois.

Kärntner Straße

Bitzinger

Albertinaplatz (H8)
M° Karlsplatz
T. l. j. 8h-4h du matin.

Depuis qu'il a été relooké par les architectes Schuberth & Schuberth, ce *Würstelstand* (« kiosque à saucisses », voir encadré p. 17) est le plus design de la ville ! Et le meilleur : employés du quartier, cochers de fiacre, mélomanes chic et nightclubbers s'y pressent au coude à coude pour savourer une *Käsekrainer* ou une *Curryrwurst* bien piquante (de 3 à 4,10 €). Vin chaud et bière pression vendue en *Seidel* (0,33 l) ou en *Krügel* (0,50 l).

Henry

Neuer Markt 17 (H7)
M° Stephansplatz
☎ 0664 80777 4000
www.enjoyhenry.com
Lun.-ven. 8h-20h,
sam. 8h-18h.

De tous les « selfs pas chers » du quartier, Henry est le plus appétissant ! Installé au rez-de-chaussée du Billa Corso, il aligne avec soin des *antipasti* joliment présentés, des plats chauds qui se paient au poids (1,79 € les 100 g), des tisanes de sureau et des verrines tentatrices ! Essayez la planchette de charcuterie & raifort : c'est tyrolien en diable et ça ne coûte que 4,90 € !

Kleines Café

Franziskanerplatz 3 (H7)
M° Stephansplatz
Lun.-sam. 10h-2h,
dim. 13h-2h.

Le plus exigu des cafés viennois – tout juste six tables dans une salle voûtée – n'est pas un vague bar improvisé : il a été décoré de main de maître par Hermann Czech et conserve toute la confiance de ses habitués grâce à ses omelettes paysannes, ses taboulés (7 €) et ses tartines de chèvre-olives servies sur des planches en bois. Idéal pour un petit en-cas en tête à tête.

Sacher Eck'

Kärntner Straße 38 (H8)
M° Karlsplatz/Oper
☎ 514 566 99
www.sacher.com
T. l. j. 9h-1h.

Pour déjeuner d'une quiche au saumon assis sur un haut tabouret, il y a aussi, bien sûr, le Sacher Eck' : c'est terriblement exigu, mais c'est le genre d'endroit dont on fait vite son quartier général ! Les gourmands n'oublieront pas, au passage, de déguster une *Sachertorte mit Schlag* (4,90 €).

Stubenviertel

Wein in the City

Riemergasse 1-3 (I7)
M° Stephansplatz
☎ 513 31 10
www.weibel.at
Mar.-ven. 11h30-15h et
17h30-23h, sam. 17h-minuit.

Hans Weibel, dont on sait qu'il a une excellente cave, était déjà l'heureux papa de deux autres établissements dans le 1er arrondissement (Kumpfgasse 2 et Wollzeile 5). Son petit dernier brille par une cuisine très savoureuse, légère, tendance autrichienne, concoctée par Thomas Knittl ! Au tableau noir : un *Tafelspitz* bien viennois à 18,50 €. Menu dégustation : environ 40 €.

Hofburg

Café KHM

Kunsthistorisches Museum
Maria-Theresien-Platz (G8)
M° MuseumsQuartier
☎ 522 67 32
www.cafekhm.at
Mar.-dim. 10h-17h30.

Envie d'une pause dans un cadre grandiose ? Optez pour le café de la rotonde en plein musée des Beaux-Arts (1er étage) ! Dans un décor de marbre qui confine au vertige, vous hésiterez entre le velouté à 4,30 €, le panini à 5,20 €, le *Fiaker* au kirsch ou le thé *Biedermeier* à la pomme, mauve et cynorrhodon ! Plats chauds de 10h à 16h. Le dim., brunch glamour à 39 €.

Spittelberg

Café Leopold

Museumsplatz (B3)
M° MuseumsQuartier
☎ 523 67 32
www.cafe-leopold.at
Dim.-mer. 10h-2h,
jeu.-sam. 10h-4h.

Le Leopold ne déroge pas à la règle qui veut qu'aujourd'hui chaque musée ait son café. Mais celui-ci a la particularité d'être doté d'une galerie suspendue en verre (architecte : Angela Hareiter) et d'être animé, à partir de 22h, par d'excellents DJ. Les potages sont à 3,90 € et les plats, comme les gnocchis au fromage de chèvre & raifort, tournent autour de 8 €.

Lux

Spittelberggasse 3 (B3)
M° Volkstheater
☎ 526 94 91
www.luxwien.at
Lun.-ven. 11h-1h, sam.-dim. 10h-1h (plats chauds : 11h30-15h et 17h30-23h30).

Le Lux a déjà plusieurs années de vol derrière lui mais il est toujours aussi jeune et pas prétentieux pour un sou ! On y grignote des salades de figues au chèvre bio & roquette (7,80 €) et des gnocchis aux courges dans un agréable atrium, bien caché entre la Spittelberggasse et la Schrankgasse. Le dim. aussi, l'ambiance est décontractée : brunch à 9,80 € servi 10h30-15h.

Mariahilf

Lutz-Bar

Mariahilfer Straße 3 (C4)
M° MuseumsQuartier
☎ 585 36 46
www.lutz-bar.at
Lun.-ven. 8h-2h, sam. 9h-4h.

Un petit creux en plein shopping sur la Mariahilf ? Faites une halte dans le bar créé, à 4 m au-dessus du niveau de la rue, par Hansheinz et Jürg Lutz ! Petits plats, soupes et salades légères (l'assiette d'*antipasti* aux câpres est originale) dont le prix ne dépasse pas les 12 €.

Le Troquet

Kirchengasse 18 (B4)
M° Neubaugasse
☎ 522 06 81
www.letroquet.at
Lun.-sam. 11h-1h30.

Pour ceux qui auraient le mal du pays, voici un sympathique bistro français, tenu par deux Français – Alain et Alexandre, chanteur du groupe de rock Plexus Solaire – où tout est français, même la bande-son (FIP radio !). Sur le menu en forme de vieille pochette de disque 45 tours, le croque-monsieur côtoie la quiche lorraine (5 €). Seule la bière vient du Piestingtal. Fumeur.

Naschmarkt

Kunsthallencafé am Karlsplatz

Treitlstraße 2 (G8)
M° Karlsplatz
☎ 587 00 73
www.kunsthallencafe.at
T. l. j. 10h-2h.

Le samedi midi, à l'heure où le marché bat son plein, la cafétéria de la Halle d'art fait un peu caisse de résonance mais on y est tout de même moins à l'étroit qu'au Deli (p. 59) ou au Tewa. Elle propose toujours deux menus – un végétarien à 7,50 € et un « viande ou poisson » à 8,50 € – et, jusqu'à 16h, deux sortes de petits déjeuner : le classic et l'austrian design. Agréable terrasse.

Ring

Schwarzenberg

Kärntner Ring 17 (H8)
M° Stadtpark
☎ 512 89 98
Dim.-ven. 7h-minuit,
sam. 9h-minuit.

Autrefois fréquenté par l'architecte Joseph Hoffmann (p. 15), le café en L, situé juste à l'angle de la rue Schwarzenberg, est le premier *Kaffeehaus* du Ring (1863) et l'ambiance y est encore très cosy même si le décor, tout en bois, marbre et cuir, a été rénové depuis. Côté gâteaux, ce n'est pas le top mais le chocolat chaud est servi ici avec un doigt de liqueur d'orange et, en hiver, la gamme des thés s'étoffe d'un *Kaminfeuer,* un rooibos à la pomme-hibiscus-cannelle à 3,70 €. Il y a des petits plats à toute heure (omelettes, saumon à l'aneth…) et un pianiste les jeu.-ven. 19h30-23h, sam.-dim. 17h-20h.

Salm Bräu

Rennweg 8 (D4)
Tram 71 arrêt Rennweg
☎ 799 599 2
www.salmbraeu.com
T. l. j. 11h-minuit.

Cette auberge-brasserie un brin touristique a deux mérites : elle

MAIS AUSSI

En dehors des cafétérias de musée comme l'**Österreicher im MAK** (MAK, p. 50), le **Do & Co** (Albertina, p. 53) ou le **Corbaci** (AzW, p. 81), les cantines où l'on peut déjeuner sur le pouce à peu de frais sont légion. Il y a bien sûr le **Deli** du Naschmarkt (p. 59), le **Café Stein** (p. 67) mais aussi la populaire brasserie **Siebensternbräu** aux solides portions (Siebensterngasse 19, B4, M° MuseumsQuartier, ☎ 523 86 97, lun.-ven. 11h-23h, sam.-dim. 10h-minuit, www.7stern.at).

1

1 - Motto am Fluß
2 - Le Troquet
3 - Le Troquet
4 - Salm Bräu

est située à deux pas du Belvédère inférieur et l'on peut y déjeuner à tout heure d'une salade, d'une escalope viennoise ou d'un *Tafelspitz* (13,90 €). L'ambiance est enjouée et le cadre plaisant. Il y a un jardin d'hiver, près des cuves à bière, et une salle qui servait autrefois d'écurie aux chevaux de l'impératrice...

Landstraße

Rudolf Ölz

Landstraßer Hauptstraße 19 (E3)
M° Landstraße
☎ 236 68 11
www.rudolf-oelz.at
Lun.-ven. 7h-18h, sam. 7h30-15h.

La Weißgerberstube, au n° 28, est sans doute la « cantine » la plus rustique de la rue avec sa salle voûtée et ses grosses portions. Si vous cherchez plus léger, visez Rudolf Ölz sur le trottoir d'en face. Ce boulanger du Vorarlberg prépare de bons *Z' nünä* (« petits déjeuners ») *dä focht d' Tag guat a* (« pour que la journée commence bien ») et des menus du midi équilibrés à 7,50 €.

Berges du Danube

Motto am Fluß

Franz-Josefs-Kai (I6)
M° Schwedenplatz
☎ 252 55 11
www.motto.at
T. l. j. 8h-2h.

Entre les ponts Marienbrücke et Schwedenbrücke, la gare fluviale du Twin City Liner (l'hydroglisseur pour Bratislava) s'est dotée d'un café décontracté avec terrasse, transats, bande-son tonique et petite carte pleine d'en-cas à prix corrects. Le pont inférieur est plus feutré et un peu plus cher : comptez 15,90 € pour déjeuner au-dessus de l'eau – comme dans un paquebot – d'un omble chevalier légèrement fumé, sur une mousse de kéfir et de céleri.

Heurigen (hors visite)

Göbel

Stammersdorfer Kellergasse 131 (HP par F1)
Bus 228
☎ 243 98 35
www.weinbaugoebel.at
Avr.-oct. ven. 16h-minuit, sam.-dim. 11h-minuit.

S'il fait beau, rendez-vous au beau milieu des cépages

2

4

du Bisamberg où le vigneron Hans Peter Göbel propose, dans le cadre sobre et néanmoins idyllique de son « estaminet de campagne » (*Buschenschank*), d'excellents vins rouges, accompagnés de salades, jambon de sanglier et légumes cuits.

Wieninger

Stammersdorfer Straße 78 (HP par F1)
Tram 31
☎ 292 10 12
www.wieninger.at
Mi-mars-mi-déc. mer.-ven. 15h-minuit, sam.-dim. 12h-minuit (t. l. j. juil.-août).

Fritz Wieninger, star de la viticulture autrichienne, a un frère – Leo – qui tient, dans le quartier de Stammersdorf, un formidable *Heuriger* avec salade de haricots verts, boudin noir, roulade au chou et chardonnay.

Cafés et salons de thé

1 - *Landtmann*
2 - *Hawelka*
3 - *Sluka*
4 - *Prückel*

Cathédrale et synagogue

Haas & Haas

Stephansplatz 4 (H7)
M° Stephansplatz
☎ 512 97 70
Lun.-ven. 9h-18h30, sam. 9h-18h.

Derrière la cathédrale se cache le charmant salon de thé de Mme Haas, doté d'un jardin d'été. Vous pourrez y goûter un *oolong jun chiyabari* du Népal, un thé russe ou un incroyable *jasmin imperial dragon pearl* de Guandong. Les biscuits, faits maison, sont en vente dans la boutique attenante, qui propose aussi une incomparable sélection de cafés, gelées de fruits (4,40 €) et confits enchanteurs.

Zanoni

Lugeck 7 (H6)
M° Stephansplatz
☎ 512 79 79
www.zanoni.co.at
T. l. j. 7h-minuit.

À Vienne, le roi de la glace italienne s'appelle Luciano Zanoni. Que vous choisissiez le sorbet aux airelles, le *gelato* au mascarpone, à la ricotta ou aux marrons, pour 2 €, vous aurez le droit à 2 parfums en cornet.

Graben

Hawelka

Dorotheergasse 6 (H7)
M° Stephansplatz
☎ 512 82 30
www.hawelka.at
Lun.-sam. 8h-2h, dim. 10h-2h.

Ce légendaire Hawelka, qui tient plus de l'usine que du café, ne désemplit pas. Il est pourtant exigu, sombre, enfumé, très limité en thés (au fond, il n'y a que deux variantes possibles : avec citron ou avec lait) et en pâtisseries (*Buchteln*, 9 €). Mais le décor bohème et extrêmement patiné a un charme incomparable qui en fait la halte obligée des intellos et des étrangers avides de presse internationale.

Bräunerhof

Stallburggasse 2 (H7)
M° Stephansplatz
☎ 512 38 93
Lun.-ven. 8h-20h15,
sam. 8h-19h, dim. 10h-19h.

Avec sa déco élimée et sa lumière jaunâtre, ce café fort peu touristique n'a guère changé depuis l'époque où l'écrivain Thomas Bernhard (1931-1989) venait se réfugier « près de l'entrée parce que c'est mieux aéré ». À tester aussi le week-end, pour les concerts qu'y donne le trio Schelz. *Strudel* à 3,10 €.

Kärntner Straße

Sacher

Philharmonikerstraße 4 (H8)
M° Karlsplatz
☎ 514 560
T. l. j. 8h-minuit
Cappuccino : 4,40 €.

Vous y rencontrerez davantage de Japonais que de Viennois, mais mettez tout de même vos plus beaux atours et prenez le temps qu'il faut pour y déguster, dans un cadre rouge et or, parmi les portraits de la famille impériale, les gâteaux maison du chef pâtissier Friedrich Pflieger. La célèbre *Sachertorte*, servie avec un nuage de crème fouettée, est toujours confectionnée d'après la recette originale de 1832.

Oberlaa

Neuer Markt 16 (H7)
M° Stephansplatz
☎ 513 29 36 0
www.oberlaa-wien.at
T. l. j. 8h-20h.

À deux pas de la Donnerbrunnen (p. 47), un café-pâtisserie « de régime » pour les fous de glaçage qui font attention à leur ligne. Il y a là un large choix de tartes basses calories mais aussi un cappuccino maison, du thé vert… Le midi, menu light à 10,50 € (13,20 € le w.-e.).

Stubenviertel

Prückel

Stubenring 24 (I7)
M° Stubentor
☎ 512 61 15
www.prueckel.at
T. l. j. 8h30-22h
Chocolat chaud : 3,50 €.

Si vous êtes sensible au style années 1950, optez pour le Prückel, situé à deux pas du musée des Arts appliqués (MAK). C'est un café agréable, clair et décontracté, où l'on joue au bridge et où l'on croise des gens sympas. Avec grandes baies vitrées, terrasse et pianiste en soirée.

Naschmarkt

Sperl

Gumpendorfer Str. 11 (G8)
M° MuseumsQuartier
☎ 586 41 58
www.cafesperl.at
Lun.-sam. 7h-23h,
dim. 11h-20h.

Le Sperl était autrefois le QG d'un groupe de sécessionnistes (le « Club des sept ») qui s'y réunissait pour discuter et gribouiller sur les nappes des animaux imaginaires, des caricatures de clients et autres dessins désormais conservés à l'Albertina. Aujourd'hui, il attire surtout des étudiants désargentés et talentueux, des joueurs de billard et des journalistes. Avec l'assurance d'y trouver, chaque matin, *Le Monde* et des petits pains frais. Club sandwich à 6,90 €.

Josefstadt

Sluka

Rathausplatz 8 (B3)
M° Rathaus
☎ 406 88 96
www.sluka.at
Lun.-ven. 8h-19h,
sam. 8h-17h30.

Si vous êtes de ceux qui rosissent de plaisir à la vue d'un gâteau inondé de fruits rouges, faites un crochet par cette pâtisserie toute blanche, située à côté de l'hôtel de ville. Sluka est une invitation permanente à la gourmandise ainsi qu'un havre de tranquillité. Il y a peu de touristes, beaucoup de tartelettes renversantes et d'excellents thés. Ambiance feutrée. Non-fumeur.

Landtmann

Dr. Karl-Lueger-Ring 4 (G6)
M° Herrengasse
☎ 24 100 111
www.landtmann.at
T. l. j. 8h-minuit
Café « Melange » : 4,70 €.

Ce café classé monument historique est établi à mi-chemin entre la fac, le théâtre et l'hôtel de ville : une situation propice aux échanges et au mélange des genres. Acteurs, hommes politiques, journalistes et étudiants prennent leur moka ou leur soda au sureau dans le nouveau « jardin d'hiver », tout en grignotant un *Buchtel* à la vanille et confiture d'abricot. En été, le show continue en terrasse.

Hors visite

Tichy

Reumannplatz 13
(HP par D5)
M° Reumannplatz
☎ 604 44 46
Mi-mars à fin sept. :
10h-23h.

Au terminus de la ligne de métro U1, le plus célèbre des glaciers autrichiens propose une quinzaine de parfums dont l'*Eis-Marillenknödel* (abricot) et l'*Erdbeer* (fraise), vedettes incontestées de sa production artisanale. Ce sont des bombes de calories, mais vous pourrez toujours faire quelques longueurs dans la piscine voisine : l'Amalienbad. Seulement 2,50 € le cornet géant.

Shopping **mode d'emploi**

La City, centre historique, touristique et politique de Vienne, est aussi celui du shopping. Pour un lèche-vitrines chic et bon teint, il suffit de déambuler dans la Kärntner Straße, sur le Graben et le Kohlmarkt. C'est là en effet, à proximité du palais de la Hofburg, que se situent très logiquement les anciens fournisseurs de la cour impériale, les orfèvres, les antiquaires et les boutiques de mode. Vous y trouverez toutes les marques prestigieuses à des prix élevés...

Où faire ses achats ?

Dans les quartiers adjacents (Hoher Markt, Am Hof, Naglergasse, Rotenturmstraße, Singerstraße), les magasins sont nettement moins prétentieux, un peu plus originaux et un brin moins chers. Et à la périphérie immédiate, il existe un autre pôle d'attraction, plus « petit budget » : la populaire Mariahilfer Straße (B4). Non seulement les vendeuses y sont moins revêches que leurs consœurs de la City, mais cette artère est une véritable aubaine pour les piétons fatigués : elle est desservie par le métro et le bus. Évitez néanmoins de vous y rendre les samedis de décembre : ses trottoirs et ses grands magasins sont littéralement pris d'assaut par des bataillons de consommateurs. Cela vaut aussi pour la SCS (Shopping City Süd) de Vösendorf, qui est incontestablement le « mégatemple » du shopping autrichien.

Heures d'ouverture

Les boutiques situées au cœur du 1er arrondissement sont généralement ouvertes du lundi au vendredi de 10h à 19h et le samedi de 10h à 18h. Les autres sont un peu plus paresseuses : elles ferment le samedi après-midi (à l'exception du premier

PETITS PRIX

En dehors des promotions (*Sonderangebote*) et des soldes, qui ont lieu deux fois par an en janvier et en juillet dans les rayons mode, articles ménagers et appareillage électrique, il vous sera difficile de bénéficier de tarifs intéressants. Les prix affichés étant fermes, vous ne pourrez vous adonner aux joies du marchandage qu'au Flohmarkt (p. 131) et sur les petites brocantes du samedi (Am Hof, G6 ; Schwedenplatz, I6 ; Freyung, G6). Votre *Wien-Karte* (p. 39) vous donne droit, néanmoins, à de menues réductions (10 %) dans quelques boutiques – Österreichische Werkstätten, Kiltz, R. Horn, Backhausen – et grands magasins (Ringstraßen-Galerien).

samedi du mois) et s'octroient une courte pause à l'heure du déjeuner. Seuls les grands magasins de la Mariahilfer Straße font un petit effort pour rester ouverts jusqu'à 20h les jeudi et vendredi. Les commerces alimentaires suivent un autre régime : vous pourrez y faire vos courses dès 7h ou 8h jusqu'à 19h ou 20h, le samedi jusqu'à 13h ou 17h. Les fleuristes, bureaux de tabac, drogueries et épiceries de l'aéroport et de la Westbahnhof (gare de l'Ouest, A4) sont ouverts du lundi au dimanche de 7h à 23h30.

Comment payer ?

La grande majorité des boutiques acceptent les cartes de paiement, en particulier la Visa, l'Eurocard, la Diner's Club et l'American Express. Pour vous en assurer, il vous suffit de regarder les autocollants affichés sur la porte d'entrée. Le plus souvent, vous n'aurez pas besoin de composer votre code pour valider votre achat : le vendeur vous donnera le ticket de caisse avec l'empreinte de votre carte à signer. En cas de perte ou de vol de votre carte de paiement, téléphonez au centre d'opposition :
☎ 0892 705 705
pour les Visa ;
☎ 0033 1456 78484 pour les Eurocard et Mastercard ;
☎ 0033 1490 61776
pour les Diner's Club ;
☎ 0033 1477 77200
pour les American Express.

Détaxe

Vous résidez hors de l'Union européenne ? Sachez que vous avez la possibilité de vous faire rembourser la TVA autrichienne (*Mehrwertsteuer*) si le montant de vos achats, par magasin, est supérieur à 75,01 €. Pour cela, il vous suffit de demander au commerçant de compléter le *global refund cheque* et de le faire viser par les services des douanes (*Zollamt*) au moment de quitter le territoire autrichien. La TVA (13 %) vous sera remboursée en espèces sur présentation de ce chèque.

Expédition à domicile

La plupart des magasins de meubles, décoration d'intérieur, tapis, etc., se chargeront d'expédier à domicile vos achats les plus volumineux par l'intermédiaire d'un transporteur qui vous établira un devis en fonction du kilométrage et du cubage, assurance incluse. À défaut, vous pouvez contacter **Lagermax**, Ailecgasse 36 (HP par F5), ☎ 760 30 0, www.lagermax.com

Formalités de douane

Depuis le 1er avril 1998, l'Autriche fait partie de l'« espace Schengen ». Les prescriptions, en matière de douane, sont donc les mêmes que celles en vigueur dans les autres pays de l'Union européenne. La quantité de certaines denrées est limitée. Vous avez le droit de rapporter d'Autriche jusqu'à 5 cartouches de cigarettes, 10 litres d'alcools, 90 litres de vins (dont 60 litres de mousseux) et 110 litres de bière. Les douaniers se montrent plus sourcilleux sur la question des contrefaçons.

SE REPÉRER

Nous avons indiqué pour chaque adresse Shopping sa localisation sur le plan général ou sur le zoom (B2, G8...). Pour un repérage plus facile en préparant votre week-end ou lors de vos balades, nous avons signalé sur le plan par un symbole rouge toutes les adresses de ce chapitre. Le numéro en rouge signale la page où elles sont décrites.

La mode au féminin

On dit Vienne classique et peu sensible aux vertiges de l'apparence. Il est vrai qu'elle affiche un chic propret, collet monté, parfois terne à l'approche de l'hiver. Mais c'est sans compter sur une jeune génération de stylistes qui l'aide à s'affranchir en douceur de ses ennuyeuses raideurs par de coquets cardigans zippés, pour les plus sages, ou d'incroyables fuseaux « technoïdes », pour les plus turbulentes.

MAILLE

Atlas

Bäckerstraße 3 (H6/I6)
M° Stephansplatz
☎ 512 98 50
Lun.-ven. 10h-18h, sam. 10h-17h.

Une déco fonctionnelle, avec des portants de métal et de bois, pour mieux faire ressortir de gros pull-overs

en cachemire (160 €) qui vous permettront de jouer au petit chaperon rouge. À signaler aussi les très beaux pulls griffés Mallonian et John Smedley.

Haider-Petkov

Wollzeile 6 (H7)
M° Stephansplatz
☎ 512 38 23
www.haider-petkov.at
Lun.-ven. 11h-18h, sam. 11h-17h.

Depuis qu'ils ont repris le flambeau de la maison Haider-Petkov, Susanna la styliste et Michael le technicien n'ont pas chômé : ils ont conçu une ligne de tricotages fluides et raffinés, aux subtils effets de transparence, en mohair, en Lurex ou en polyester à 90 %, comme leurs drôles de pull-overs brun et bleu qui ressemblent à des stores vénitiens.

STYLISTES ET CRÉATEURS AUTRICHIENS

Artup

Bauernmarkt 8 (H6)
M° Stephansplatz
☎ 53 55 097
www.artup.at
Lun.-ven. 11h-18h30, sam. 11h-17h.

Envie de sortir des sentiers battus ? Faites un saut chez Artup : c'est la nouvelle vitrine de la créativité autrichienne ! Vous y trouverez des chapeaux

rigolos de Karin Fronius, qui a fait ses classes à l'école de mode de Hetzendorf, mais aussi une palette variée de vêtements créés par des talents prometteurs comme Sybille Bauer-Schmidt, Pitour ou Christine Kitzwegerer. Sympa !

Lena Hoschek

Gutenberggasse 17 (B3)
M° Volkstheater
☎ 293 22 03
www.lenahoschek.com
Lun.-ven. 11h-19h, sam. 11h-17h.

Vous ne connaissez pas Lena Hoschek ? C'est une styliste autrichienne de génie, qui a un faible pour le rétro et l'ironie. Ancienne assistante de Vivienne Westwood, elle expose dans sa boutique de Spittelberg ses créations inspirées par le look des stars de cinéma et des pin-up des années 1940-1950. Les plus craquantes du moment ? Des boléros et des jupes *happy-skirt-rosegarden* semées de roses et de pivoines (à partir de 275 €) !

Modus vivendi

Schadekgasse 4 (B4)
M° Neubaugasse
☎ 587 28 23
www.modusvivendi.at
Lun.-ven. 11h-19h, sam. 12h-17h.

La charmante Monika Bacher a planté son décor, volontairement effacé – un divan, une psyché, quelques mannequins – dans un quartier qui n'est pas connoté « mode ». Elle y présente son dernier parfum au côté d'une ligne plutôt classique inspirée par la confection anglaise : de jolies chemises à col vert, parme, crème ou brun, des pulls 100 % mérinos dont vous pourrez, à votre gré, combiner les couleurs. C'est bien, ce n'est pas plus cher qu'ailleurs et c'est convivial : à l'heure des nouvelles collections, le *team* de Modus vivendi sert la soupe au potiron, le vin blanc, le punch et les petits gâteaux.

Art for Art

Goethegasse 1 (G8)
M° Karlsplatz
☎ 514 44 7201
www.artforart.at
Sur r.-v.

Ce génial atelier de confection, qui compte 150 employés, 200 ans d'expérience et 180 000 pièces, n'est pas seulement le n° 1 sur le marché européen du costume de théâtre et de cinéma : il habille aussi les particuliers ! Si vous avez envie de froufrous baroques ou d'un corsage en organza 1920, c'est donc là qu'il vous faudra prendre rendez-vous avec Annette Beaufays.

Wabisabi

Lindengasse 20 (B4)
M° Neubaugasse
☎ (0664) 54 51 280
www.alle-tragen-wabi-sabi.at
Jeu.-ven. 11h-18h, sam. 11h-15h.

Depuis que Stefanie Wippel a ouvert cette boutique

VOS RENDEZ-VOUS MODE

Rien de tel qu'un petit tour du côté des salons pour mesurer le dynamisme de la mode viennoise ! Glamour, *mainstream* ou *indie*, il y en a pour tous les goûts et à toutes les dates : on défile en avril au **Modepalast** (p. 4) et en mai au **Festival for fashion** (www.unit-f.at). À la mi-juin, ce sont les jeunes diplômés de l'école de Hetzendorf qui exposent leurs travaux à l'hôtel de ville. Mi-septembre, le MuseumsQuartier accueille la **Vienna Fashionweek** (www.mqviennafashionweek.com). Et à la mi-octobre, le MAK prend le relais avec un salon spécial mode et accessoires : la **Blickfang** (www.blickfang.com) !

lilliputienne d'un blanc immaculé, le concept zen de wabi-sabi – l'art de la beauté imparfaite – n'a plus de secrets pour les bobos du quartier. Cette jeune styliste qui a fait ses classes à Munich et au Japon, coupe des vestes asymétriques aussi épurées qu'un haïku, de larges pantalons de pêche et des kimonos bleu pâle (175 €) d'une élégante simplicité. À suivre !

Çombinat

Museumsplatz 1 (C3)
M° Volkstheater
☎ 236 05 96
www.combinat.at
Mar.-sam. 12h-19h.

Une demi-douzaine de créatrices – dont Pitour, Imre Katalin de Budapest et Claudia Güdel de Bâle – ont investi une galerie au fond de la cour n° 7 du MQ, côté Burggasse, pour y présenter les musts de leur collection : un joyeux pêle-mêle de vêtements jeunes, décontractés et originaux, qui devraient permettre aux plus audacieuses de renouveler leur garde-robe à peu de frais (surtout pendant les *poker week-ends* où les derniers modèles sont bradés à coups de dés).

Elfenkleid

Margareten Straße 39 (C4)
M° Karlsplatz
☎ 208 52 41
www.elfenkleid.com
Mar.-sam. 11h-18h.

On sent tout de suite qu'Annette Prechtl et Sandra Thaler ont plein d'idées ! Pour l'une de leurs dernières collections (*Bláa Lonio*, « Bleu Lagon » en v. o.), les deux jeunes Tyroliennes avaient puisé du côté de… l'Islande. Résultat : des « vêtements d'elfe » aériens, brun lave, vert lichen et blanc glacier qui allient le sens de la coupe et le souci de l'harmonie. De quoi sortir des sentiers battus !

Sisi Vienna

Annagasse 11 (H8)
M° Karlsplatz
www.sisi-vienna.at
Lun.-mer. 10h-18h, jeu.-sam. 11h-19h.

Face à la Haus der Musik (p. 47), l'architecte Gregor Eichinger a rénové le rez-de-chaussée d'une maison du XVIe s. pour en faire le premier « salon Sissi » : une boutique de prêt-à-porter qui puise sans kitsch ni nostalgie dans l'univers de l'impératrice Élisabeth d'Autriche-Hongrie. Plusieurs stylistes se sont associés au projet (Susanne Bisovsky, Geiger, Mothwurf…) et le résultat est très convaincant : c'est urbain, intemporel et si viennois !

Schella Kann

Spiegelgasse 15 (H7)
M° Stephansplatz
☎ 997 27 55
www.schellakann.com
Lun.-sam. 11h-18h30.

Pour mettre un peu de Vienne dans votre garde-robe, vous pouvez aussi faire confiance

à Anita Aigner et Gudrun Windischbauer. Connu sous le nom « Schella Kann », ce duo de stylistes a ouvert en 2011 un show-room épuré avec des cabines ultra-spacieuses signées C.S. Kroencke, où l'on peut essayer des tuniques courtes sans manches en mouton, des *Blusen* quasi transparentes en crêpe de Chine, des manteaux de tweed déclinés dans une palette de beige, brun, moutarde et blanc cassé. C'est créatif et élégant !

STREET WEAR ET AVANT-GARDE

Turek Workshop Company

Mariahilfer Straße 24 (B4)
M° Neubaugasse
☎ 523 17 56
www.turek.at
Lun.-ven. 10h-19h (20h le jeu.), sam. 9h30-18h.

Avec ses vestes G-Star en denim hyperrésistant et ses gros pulls Forest Nature, Turek a un succès fou auprès des Viennois, et ce n'est que justice : les prix sont doux et tous les labels du moment sont au rendez-vous (les hommes trouveront au 1er étage la collection de pantalons de golf Alberto, conçue par Alex Cejka).

Peak Performance

Mariahilfer Straße 55 (B4)
M° Neubaugasse
☎ 585 61 18
www.peakperformance.com
Lun.-ven. 10h-19h, sam. 10h-18h.

Cette entreprise suédoise, championne de *sportswear* depuis 1986, ne produit pas que du vêtement tout-terrain spécial Cercle polaire. Elle vend aussi de quoi pratiquer le yoga chez soi ou se dégourdir les mollets à la plage. Du tee-shirt rayé façon matelot à la veste zippée brun/orange en Gore-Tex®, les articles sont un peu chers mais très craquants !

Front Line

Mariahilfer Straße 77-79 (B4)
M° Neubaugasse
☎ 586 30 68
Lun.-ven. 10h-19h, sam. 10h-18h.

Ce n'est pas le « Front Line » où s'habillaient les punks des années 1970 (celui-là se trouvait près du pont Lobkowitz, HP par A5, M° Meidling U4), mais le Front Line du Generali-Center. Reinhard Maier y propose un pot-pourri de *street wear* et d'avant-garde. À voir surtout pour ses sweats à capuche Bench et ses denims G-Star importés des Pays-Bas.

Park

Mondscheingasse 20 (B4)
M° Neubaugasse
☎ 526 44 14
www.park.co.at
Lun.-ven. 10h-19h, sam. 10h-18h.

Markus Strasser et Helmut Ruthner ont créé l'événement en 2007 en ouvrant, au cœur du quartier de Neubau, un show-room comme on les aime, zen, *hype* et aéré ($400\ m^2$), entièrement dédié au meilleur de l'avant-garde. À signaler surtout, à côté de Wally Sallner et Johannes Schweiger (« Fabrics Interseason »), les créations d'Edwina Hörl et celles d'un duo de stylistes qui a remporté en 2002 le prix Austrian Fashion Award : Hartmann Nordenholz.

LA PETITE BOUTIQUE

Ouverte depuis 2006, cette échoppe est celle des nuits câlines : la jeune Sandra Gilles, native d'Annecy, diplômée d'Esmod et ancienne styliste de Palmers, y vend à partir de 80 € de charmantes chemises de nuit qu'elle coupe de ses doigts de fée et qui collent en douceur à la peau comme la fine batiste de nos grands-mères. Vous ne les trouverez nulle part ailleurs : chacune de ces nuisettes est une pièce unique, ou déclinée en 4 exemplaires maxi.

Lindengasse 25 (B4)
M° Neubaugasse
☎ (0699) 1923 94 23
www.sandragilles.com
Lun., mer. et jeu. 11h-15h, mar. et sam. 11h-18h, ven. 11h-19h.

L'homme et la mode

Vienne dispose de solides arguments pour séduire aussi bien les partisans du genre *business strict* que les mousquetaires d'une mode plus fun. Les uns trouveront dans le 1er arrondissement – totalement épargné par la vague du sweat-shirt à capuche – leur chandail en *lambswool* et leur costume gris anthracite. Les autres viseront le quartier de Mariahilf-Neubau où les fringues, idéales pour traînailler au café du coin et écumer les pistes de danse, savent allier confort, élégance et petits prix.

Knize

Graben 13 (H7)
M° Stephansplatz
☎ 512 21 19
www.knize.at
Lun.-ven. 9h30-18h, sam. 10h-17h.

Maître Knize (prononcez « knije », à la tchèque), un champion de l'élégance sur mesure, coupe ses lés de flanelle et de prince-de-galles au premier étage d'une étroite boutique agencée en 1913 par Adolf Loos. Les redingotes et les costumes trois pièces qui sortent de ce bel atelier de confection, digne d'un club de gentlemen, sont réputés pour leurs finitions impeccables – prévoyez trois semaines de délai. Ses écharpes en pur cachemire à petits pois (à partir de 109 €) font aussi un malheur !

2006FEB01

Plankengasse 3 (H7)
M° Stephansplatz
☎ 513 42 22
www.2006feb01.com
Lun.-ven. 10h-18h30, sam. 10h-17h.

Avec 2006FEB01, on entre de plain-pied dans le monde des designers les plus talentueux du moment. Dans leur superbe « concept store » de 270 m², Manfred Staudacher et Horst Payrhuber ont en effet réuni au 2e étage, sous de petits abat-jour noirs, des panoplies fluides et élégantes griffées Alessandro dell'Acqua, Viktor & Rolf, Kris van Assche (le directeur artistique de Dior Homme)…

sans oublier le célèbre créateur autrichien Helmut Lang, qui fut professeur de mode aux Arts appliqués de Vienne. Bref, du prêt-à-porter tout à fait portable qui a toujours, dans la coupe comme dans la matière, un soupçon d'avant-garde.

Harry & Sons

Am Hof 5 (G6)
M° Herrengasse
☎ 533 36 66
www.herrenpyjama.at
Lun.-ven. 10h-18h,
sam. 10h-17h.

Ce chemisier des Pouilles, qui a déjà 76 boutiques en Italie et à l'étranger, a toujours le vent en poupe. Avec lui, pas de liquettes excentriques ou malicieuses, mais un vaste choix de rayures et de petits carreaux, à partir de 70 €, pour les rendez-vous d'affaires et le *friday wear*. Tailles : de 37 à 50.

Schwanda

Bäckerstraße 7 (I6)
M° Stephansplatz
☎ 512 53 20
www.schwanda.at
Lun.-ven. 9h-18h,
sam. 9h-17h.

Schwanda est un vrai filon pour les amateurs de plein air et tous ceux qui ne perdent pas de vue que l'Autriche est un pays alpin. Si vous rêvez d'escalader la face nord des Karawanken ou, plus simplement, de faire de la randonnée dans la forêt viennoise, il y a ici de très bons polos en transtex, des chemises en polarlite et des joggings, sans oublier l'indispensable coupe-vent « Eider Ticksey » à 139 €.

Pollsiri

Kirchengasse 25 (B3)
M° Neubaugasse
☎ 52 66 047
www.pollsiri.at
Lun.-ven. 9h-13h et 14h-18h.

Si vous avez des idées bien arrêtées sur le sujet, sachez que Patrizia et Iris se sont lancées dans le boxer-short personnalisé (25 €) et le pyjama sur mesure (240 €), dans l'étoffe de votre choix. Vous pouvez même arriver avec votre échantillon : leur atelier copie le motif. Il existe aussi des modèles tout prêts à porter (entre 40 et 140 €).

Dantendorfer

Weihburggasse 9 (H7)
M° Stephansplatz
☎ 512 59 65
www.dantendorfer.at
Lun.-ven. 9h30-18h,
sam. 10h-17h.

Pour les adeptes d'un style *konservativ* qui n'exclut pas la décontraction, une belle gamme de chemises indémodables, déclinées dans toutes sortes de tissus, rayures et coloris, et d'autres modèles plus acidulés, signés Ralph Lauren ou Etro.

Ferman

Kramergasse 9 (H6)
M° Stephansplatz
☎ 533 34 26
www.ferman.at
Lun.-ven. 10h-18h30,
sam. 10h-18h.

Ferdinand Mandel s'est lancé, lui aussi, dans la chemise classique et de bon goût (à partir de 50 €), mais il propose également des modèles d'écharpes et de cravates (36 €) en soie, lin ou coton, à jacquards floraux ou à motifs cachemire.

JUNGMANN & NEFFE

Citons enfin, pour le plaisir des yeux, l'adresse du tailleur le plus impérial de Vienne : Wilhelm Jungmann & Neffe, ancien fournisseur de la Cour. Fondé en 1866, ce temple de la belle étoffe réunit sous un superbe plafond à caissons tout ce qui fait le trousseau de l'homme du monde : bretelles, parapluies, foulards et cravates en cachemire (98 €), pour avoir l'air *fesch* (fringant) et classe à la fois.

Albertinaplatz 3 (H8) – M° Karlsplatz – ☎ 512 18 75
www.feinestoffe.at – Lun.-ven. 9h30-19h, sam. 10h-18h.

Chapeaux, sacs,
bijoux et autres accessoires

Un bibi de paille ? Un pendentif en écaille ? Profitez de votre week-end pour vous mettre en quête de ce petit rien, apparemment futile, qui va tout changer. En matière d'accessoires, Vienne donne le ton. Et si les prix sont élevés, la production, souvent artisanale, est infiniment soignée. L'occasion de découvrir, au passage, quelques-uns des magasins les plus beaux et des créateurs les plus inventifs de la capitale.

Hartmann

Singerstraße 8 (H7)
M° Stephansplatz
☎ 512 14 89
www.hartmann-brilliance.com
Mar.-ven. 10h-18h, sam. 10h-17h.

Erich Hartmann est un opticien des plus attentionnés, doué d'un talent fou, qui fabrique à la main, en corne de bœuf et de buffle exclusivement, des lunettes, mais aussi des barrettes, des bracelets, des boutons de manchette et de jolis peignes. Tous ces accessoires, que vous ne trouverez nulle part ailleurs, s'inscrivent dans la plus pure tradition des Ateliers viennois. Unique aussi, l'élégante déco de son magasin : beaucoup lui envient son parquet en bois, ses niches blanches, ses 5 m sous plafond et son escalier aux allures de chaire d'église.

R. Horn

Stephansplatz 3 (H7)
M° Stephansplatz
☎ 513 64 07
www.rhorns.com
Lun.-ven. 10h-18h30, sam. 10h-17h30.

Leader dans l'art de travailler le cuir, Horn crée une multitude d'accessoires et d'articles pour le voyage, en veau grainé et en *scotchgrain* (un cuir anglais très résistant aux caprices de la météo), dont chaque détail, chaque finition obéit aux principes des Ateliers viennois. Son sac à dos tyrolien en loden et cuir est convertible en tout petit sac, ses *citybags* sont doublés de moiré de soie vert, et ses portefeuilles à 168 € sont déclinés en cinq nuances fort subtiles (beige, jaune, rouge, vert foncé et ocre). Il fait même des étuis pour iPhone à 68 €.

Elisabeth Krainer

Tuchlauben 17 (H6)
M° Stephansplatz
☎ 522 06 33
www.krainerschmuck.at
Mar.-ven. 10h-18h, sam. 11h-15h.

Vous voyez la 1re porte à droite dans la cour ? C'est celle de l'atelier d'Elisabeth, maître en orfèvrerie – un art délicat

s'il en est, qu'elle a mûri au Liechtenstein et aux îles Vierges. Ses bijoux sont si tendres qu'on les mangerait ! D'ailleurs, dans l'étroite vitrine au fond, vous trouverez des bagues-cornets de glace, des boucles d'oreilles en forme de cerises à feuilles de jade ou de mûres à cabochons de rubis. À partir de 300 €.

Laks

Franzosengraben 7 (HP par F5)
M° Erdberg (U3)
☎ 799 15 85 – www.laks.com
Lun.-jeu. 8h30-17h, ven. 8h30-14h.

Lucas Alexander Karl Scheybal, *alias* « Laks », a la passion du design et de l'horlogerie. Pour le citadin moderne, il a mis au point une gamme de montres-bracelets à l'esthétique novatrice qu'il expose dans le cadre zen et translucide de son show-room viennois : des cadrans à phases de lune, de superbes chronographes, des modèles odorants à roses blanches (93 €) et des séries limitées reproduisant *Le Baiser* ou le *Portrait d'Émilie Flöge* de Klimt. Superbe et original.

Mühlbauer

Seilergasse 5 (H7)
M° Stephansplatz
☎ 512 22 41
www.muehlbauer.com
Lun.-ven. 10h-18h30, sam. 10h-18h.

Dans la famille Mühlbauer, on est chapelier depuis 1903 mais on ne s'endort pas pour autant sur ses lauriers : Klaus et Marlies mettent leur savoir-faire au service des tendances de demain et créent pour chaque tête un look différent. Ils font des cloches en denim (77 €), des capelines en jersey, des canotiers en chintz… Très sympa !

Schullin & Seitner

Kohlmarkt 7 (G7)
M° Herrengasse
☎ 533 90 07
www.schullin.com
Lun.-sam. 10h-18h.

Même si vous n'avez ni les moyens ni l'intention de craquer, accordez-vous quelques moments de rêve chez ce bijoutier qui travaille, avec une formidable précision, les métaux et les pierres précieuses selon des concepts contemporains. Il a fait appel, pour mettre en valeur ses créations, à l'architecte Hans Hollein (1982) : les formes pures de la façade, avec son arc-hache en bronze oxydé et ses globes-hublots, répondent parfaitement aux lignes claires et géométriques de la bague en platine, aigue-marine et saphir de Herbert Schullin ou de la broche *Opal* en or 16,09 carats.

Kecksilber

Trattnerhof 2 (H7)
M° Stephansplatz
☎ 533 60 30
www.kecksilber.at
Lun.-ven. 10h-18h, sam. 10h-17h.

Le bijoutier Walter Keck joue dans une autre catégorie. Ce magicien du métal, dont les créations sont moins chères mais presque aussi inventives que celles de Schullin, a bien saisi l'esprit du temps. Ses boucles d'oreilles, très originales (entre 58 et 74 €), lui ont d'ailleurs assuré un vif succès auprès des intellos et des jeunes branchés. À ce prix-là, pas d'hésitation : offrez-vous un accessoire avec lequel, soyez-en sûr, vous ne passerez pas inaperçu dans les dîners en ville.

KITZ VIENNA

Qu'ils soient crème ou cognac, jaunes ou bleu ciel, les beaux sacs en cuir que dessine Susanne Kitz ont tous des noms qui rayonnent : *Capri, Rio, Louxor, Santorin…* Certains sont garnis de corne et de nacre, d'autres de coquillages. Pour un peu, on partirait en voyage rien que pour le plaisir de les porter ! Une valeur sûre de la maroquinerie, à partir de 70 €.

Weihburggasse 7 (H7)
☎ 512 86 48
www.susannekitz.com
Lun.-ven. 10h-18h, sam. 10h-17h.

Trachten :
la mode « country »

Les costumes traditionnels *(Trachten)* auxquels les Autrichiens sont toujours très attachés n'ont rien de folklorique. Ce sont des tenues confortables et tout-terrain, que vous pourrez porter par petites touches, à la *gentleman-farmer,* à condition toutefois de ne pas abuser des pompons, des clochettes et des rubans de satin vert. Évitez aussi d'associer un polo Lacoste à une culotte de cuir : vous frôleriez l'incident diplomatique.

Tostmann

Schottengasse 3a (G6)
M° Schottentor
☎ 533 53 31
www.tostmann.at
Lun.-ven. 10h-18h, sam. 10h-17h.

Dans cette boutique bien sage, qui sent bon la cire et la prairie, avec son parquet de bois blond et ses meubles peints, les *Trachten* sont authentiques et très attendrissants. Les familles entières viennent s'y habiller de pied en cap : il y a des brassées de robes fraîches et pimpantes (535 €), des tabliers et des plastrons fleuris pour jeunes filles aux longues tresses qui voudraient se faire un look « Heidi », des capes en flanelle de laine, des boléros en velours et des gilets pour homme à col brodé (180 €). Plus bucolique, tu meurs…

Loden Plankl

Michaelerplatz 6 (G7)
M° Herrengasse
☎ 533 80 32
www.loden-plankl.at
Lun.-sam. 10h-18h (janv., fév., juil. et août 17h).

Vous ne pouvez pas le rater : cet expert en chaussures et costumes traditionnels a investi le pâté de maisons situé juste en face de la Hofburg pour y exposer un festival de manteaux en loden vert (à partir de 420 €), de chaussettes tricotées, brodées d'edelweiss sur le côté (entre 35 et 45 € selon la longueur et les motifs) et de chemisiers que l'on porte encore, dans les alpages, avec quelques grigris en sautoir (cristal de roche, boutoir de sanglier, patte d'écureuil).

Giesswein

Ringstraßen-Galerien
Kärntner Ring 5-7 (H8)
M° Karlsplatz
☎ 512 45 97
www.giesswein.com
Lun.-ven. 10h-19h,
sam. 10h-17h.

Vous voudriez vous essayer à l'*austrian look* sans verser dans le boléro en chamois et le tailleur en loden ? Faites un saut chez Giesswein ! Ce créateur tyrolien, bien connu pour la qualité de ses vestes et manteaux traditionnels (Stückwalker à 209 €, Sarner Janker…), s'y entend à merveille pour confectionner des robes sympathiques, rehaussées de tweed ou de shetland.

Eduard Kettner

Plankengasse 7 (H7)
M° Stephansplatz
☎ 513 22 39
www.kettner.com
Lun.-ven. 9h30-18h30,
sam. 9h30-17h.

Un spécialiste du look « chasse et randonnée », à consulter surtout pour ses vestes très automnales en daim (159 €), ornées d'une feuille de chêne au revers.

Mothwurf

Ringstraßen-Galerien
Kärntner Ring 5-7 (H8)
M° Karlsplatz
☎ 513 14 42
www.mothwurf.at
Lun.-ven. 10h-19h,
sam. 10h-18h.

Dans le genre chic, il y a aussi Mothwurf ! C'est moins aristocratique que la griffe Habsburg du Salzbourgeois Schneiders, mais c'est plus abordable. Mothwurf, ce sont deux créateurs de Graz, Stefanie et Helmut Schramke, qui s'entendent à merveille dans l'art de réinterpréter la mode traditionnelle. On se souvient de leur collection Alegria, néoromantique en diable, pleine de jolies coupes, d'émotion et de détails insolites. Comptez 479 € pour une veste verte très couture.

Lanz

Kärntner Straße 10 (H7)
M° Stephansplatz
☎ 512 24 56
www.lanztrachten.at
Lun.-ven. 10h-18h30,
sam. 10h-18h.

Autre temple de l'*austrian look*, Lanz crée depuis 1922 des modèles moins glamour que Habsburg mais tout aussi respectueux de la tradition. Il reprend des motifs paysans, puise dans le répertoire des bruns, anthracites, verts chasse et, pour coller à l'air du temps, affine la silhouette et estompe les épaules. Un style décontracté qui se conjugue sur le mode des « trois L » : *Loden, Leinen, Leder* (loden, lin et cuir).

Sportalm

Brandstätte 8-10 (H6)
M° Stephansplatz
☎ 535 52 89
Lun.-ven. 10h-18h30,
sam. 10h-17h.

Ce couturier de Kitzbühel joue dans une autre catégorie, le vrai-faux *Trachten*. Pour mieux adapter le costume à notre mode de vie citadin, il choisit des matières nouvelles qu'il applique à des formes plus conventionnelles, directement inspirées des *Joppe* (vestes) et des *Janker* (manteaux) des bergers tyroliens. Résultat : un *crossdressing* bon chic bon genre, tout en gris, crème et écru, idéal pour une soirée… décalée.

LODEN

Même s'ils sont aujourd'hui tissés en laine de mérinos, les amples manteaux qui permettaient aux bergers tyroliens de marcher à belles enjambées ont conservé leurs qualités isolantes. Le loden en effet est une laine imperméable aux intempéries parce qu'elle n'est pas dessuintée. Les fabricants distinguent quatre qualités de loden en fonction du tissage et de la rugosité : *Tuch, Sämisch, Doubleface* et *Strichloden*.

Chaussure
à son pied

Où l'on découvrira que Vienne ne fait pas que dans le godillot de randonnée ou le sabot spécial neige. Pour fendre les foules sans vaciller ou jouer les Cendrillon au palais Ferstel, les chausseurs conçoivent, de père en fils, des modèles de bottes en chevreau, de ravissants escarpins et des richelieus en cuir de Russie, traités à l'huile de bouleau, dont la ligne parfaite et le confort maximal devraient réjouir les sportifs comme les bêtes de mode.

Görtz

Gerngross City-Center
Mariahilfer Straße 38-48 (B4)
M° Neubaugasse
☎ 522 48 83
www.goertz.at
Lun.-mer. 9h30-19h,
jeu.-ven. 9h30-20h,
sam. 9h30-18h.

Voici, au 1er étage du grand magasin Gerngross, un espace accueillant où vous pourrez essayer en toute tranquillité une impeccable sélection de chaussures qui ont un petit air couture et vous feront la cheville fine et le pied léger. Entre une bottine *Görtz* à talon compensé (79,95 €) et une paire de bottes *Josef Seibel* en cuir (99,95 €), rien que des valeurs sûres dont vous ne vous lasserez pas…

Dominici

Singerstraße 2 (H7)
M° Stephansplatz
☎ 513 45 41
Lun.-ven. 10h-19h,
sam. 10h-18h.

Dominici s'est mis en tête de soigner votre look urbain à coups de derbys noirs et de bottines en velours violet. Son choix de chaussures, qui conjugue sophistication et bien-être, devrait donc vous permettre de trotter avec la même aisance sur les trottoirs du Ring qu'au cocktail de l'Opéra. Comptez 119 € pour une paire de *Walter Bauer* ou de *Dominici uomo*.

Ludwig Reiter

Führichgasse 6 (H7)
M° Stephansplatz
☎ 512 61 46
www.ludwig-reiter.com
Lun.-ven. 10h-18h30, sam. 10h-17h.

C'est l'un des meilleurs chausseurs de Vienne. Connu depuis 1885 pour son savoir-faire, ses doubles coutures, ses cirages maison et l'excellente qualité de ses cuirs, Reiter peaufine avec amour des modèles traditionnels – *Wiener, Theresianer*, etc. – et de solides bottillons (329 €) pour l'hiver : ses douillettes *Maronibrater*, idéales pour les sorties en traîneau dans les alpages, sont si *smart*, avec leur cuir fourré couleur cognac ou moka, que rien ne vous empêche de les porter lors

d'une première au Burgtheater. Bien sûr, tout cela se mérite, mais l'espérance de vie d'une paire de *Gustav Mahler* ou de *Pater Brown* dépasse nettement les dix ans. Autre point de vente : Mölkersteig 1, G6, M° Schottentor, ☎ 533 42 04 22 (mêmes horaires).

Humanic

Mariahilfer Straße 1b (C4)
M° MuseumsQuartier
☎ 585 23 40
www.shoemanic.com
Lun.-mer. 10h-19h, jeu.-ven. 10h-20h, sam. 9h30-18h.

Impossible de ne pas trouver chaussure à son pied dans cet espace « designé » par Boris Pedrecca : baskets, mocassins, *low boots*, santiags, tennis et bottes (69,95 €) de toutes marques s'arrachent le moindre m² en conciliant prix raisonnables et tendances de la mode. Pour les sportifs et les juniors qui auraient subitement décidé de s'entraîner sur l'asphalte de Mariahilf.

Gerald Fischer

Liechtensteinstraße 29 (C1)
M° Schottentor
☎ 317 91 28
www.fischerschuhe.at
Lun. 9h-18h, mar., jeu. et ven. 9h-13h et 14h-18h, sam. 9h-12h.

Autre quartier, autre chausseur. Sur mesure celui-ci. Champion de la demi-pointure, de l'entretien et du glaçage, Fischer vous remet à neuf la plus défraîchie des mules et peut réaliser la paire de vos rêves d'après une simple photo (395-490 €). Dans le cuir et avec la couture de votre choix, cela s'entend.

Zak

Kärntner Straße 36 (H8)
M° Stephansplatz
☎ 512 72 57
Lun.-ven. 10h-18h30, sam. 10h-18h.

Avec un égal talent pour le choix des cuirs et la perfection du détail, cette entreprise familiale, qui a déjà chaussé, depuis 1912, quatre générations

de Viennois, présente dans son salon néo-Jugendstil de très élégants modèles. Pour dame, des créations de Casadei, Sergio Rossi, Pollini et autres Italiens triés sur le volet. Pour homme, des souliers classiques, faits maison, comme l'escarpin de bal laqué noir et cousu main, l'indémodable *Norweger* ou la *Budapester* à 450-480 €, qui « marche » encore très fort, elle aussi.

R. Scheer und Söhne

Bräunerstraße 4 (H7)
M° Stephansplatz
☎ 533 80 84 – www.scheer.at
Lun.-ven. 9h-18h, sam. 10h-17h.

Cet ancien fournisseur de la Cour, médaillé à l'Exposition universelle de 1873, découpe, rogne, coud à la main dans la vieille tradition impériale et royale des bottes qui s'enfilent comme des gants, vous gainent la jambe tout en soulignant la cambrure de votre pied et se patinent bien avec le temps. De la chaussure considérée comme un des beaux-arts.

PETIT LEXIQUE DU SOULIER VIENNOIS

Une *Theresianer* est une chaussure fuselée à bout rond. La *Franziskaner* a le bout carré et porte une boucle sur le côté. La *Norweger* est renforcée d'une couture au bout. La *Wiener* se distingue par ses quartiers à petits trous, tandis que la *Budapester* a le bout fleuri contenu dans un liséré en accolade. Enfin, l'*Innsbrucker Sohle*, idéale pour garder le pied ferme sur le verglas, est une semelle crantée qui ne charrie ni la neige ni les graviers.

Le coin des enfants

Knickers et loden obligent, la mode enfant est relativement sage en Autriche. Vienne réserve néanmoins aux *kids* délurés qui sont déjà des tombeurs dans l'âme et à toutes celles qui sont du genre « au secours je n'ai rien à me mettre » quelques bonnes surprises. Vos charmants bambins n'y retrouveront peut-être pas leurs marques préférées, mais les chemisettes et les parkas que vous leur rapporterez ont des chances de faire des envieux dans les cours de récré.

Sonnenschein

Neubaugasse 53 (B3)
M° Neubaugasse
☎ 524 17 66
www.kindergalerie-sonnenschein.com
Lun.-ven. 10h-18h30, sam. 10h-17h.

Même si vous n'avez plus de place dans vos bagages, faites un saut jusqu'au royaume enchanté de Monika Liptakova : il fourmille d'idées cadeaux, conçues avec talent par des artistes tchèques, pour décorer à petits prix une chambre d'enfant.

Au choix : des sacs à dos et des coussins rigolos, des horloges en feutre (18 €), des girafes porte-crayons et des minithéâtres de marionnettes aimantées (16 €) qui leur permettront de jouer à la princesse ou aux indiens. On adore !

Mimi

Krugerstraße 10 (H8)
M° Stephansplatz
☎ 512 43 18
www.mimi-shop.at
Lun.13h-18h, mar.-sam. 10h-18h.

Pour bébés et juniors, une ligne de vêtements bien conçus, rehaussés d'une touche de fantaisie, par une designer milanaise qui privilégie le confort et les formes plutôt classiques. Cela va du polo vert Écosse 2 ans à la veste molletonnée, idéale en cas de frimas, en passant par d'adorables moonboots violets à 159 €.

Herr und Frau Klein

Kirchengasse 7 (B4)
M° Neubaugasse
☎ 990 43 94
Lun.-sam. 11h-18h.

C'est un *children concept store* ! Un magasin, autrement dit, où l'on trouvera tout ce qui peut faciliter la vie des parents au quotidien : vêtements, meubles, poussettes, vélos… Tous les articles que Stephan et Beate Klein ont sélectionnés ont en commun d'être pratiques et d'avoir du style. Ce sont des marques peu connues, créatives et assez bobo. Inutile donc d'y chercher un minicartable Princesse Lillifée ou un dessus-de-lit Winnie l'ourson !

Spielzeugschachtel

Rauhensteingasse 5 (H7)
M° Stephansplatz
☎ 512 44 94
www.spielzeugschachtel.com
Lun.-ven. 10h-18h30, sam. 10h-17h.

Bien que ce soient les parents qui semblent y prendre le plus de plaisir, ce magasin de jouets est destiné aux enfants. Il faut dire que Spielzeugschachtel a banni le plastique, les kalachnikovs, les monstres et les jeux violents pour ne vendre que de superbes objets en bois qui développent la logique, l'adresse et l'observation. Également en rayon : des peluches Käthe Kruse, des marionnettes, la collection complète des puzzles Ravensburger et un large choix d'accessoires « selecta » pour meubler la fermette ou la maison de poupée (13,50 €).

Kober

Graben 14-15 (H7)
M° Stephansplatz
☎ 533 60 18
Lun.-jeu. 9h15-18h30, ven. 9h15-19h, sam. 9h30-18h.

Rien de tel qu'une visite chez Kober pour raviver des nostalgies enfantines. Cet étroit magasin, fondé en 1868, explose littéralement sous les bataillons de soldats de plomb, de jeux de société, de peluches de Steiff et de maquettes. En vedette, la gamme d'articles aux couleurs du petit dragon vert Tabaluga, héros d'une série télévisée allemande, et les trains électriques autrichiens (139 €) signés Fleischmann avec leurs nombreux accessoires.

Mode aus der Natur

Barnabitengasse 3 (B4)
M° Neubaugasse
☎ 581 32 00
www.modeausdernatur.at
Lun.-ven. 10h-18h, sam. 10h-17h.

Une boutique ni trop chère ni trop excentrée, où tous ceux qui refusent d'habiller leurs rejetons en bleu lavande ou rose layette pourront trouver un monceau de vêtements attendrissants en fibres naturelles importés de Suisse (Selana) : des pulls orange, rouille et coquelicot, des chapeaux « Dolli von Döll » et d'adorables bonnets pseudo-péruviens pour protéger leurs petites oreilles (21 €).

Schuhhaus zur Oper

Tegetthoffstraße 5 (H7)
M° Stephansplatz
☎ 513 50 50
www.schuhhaus-zur-oper.at
Lun.-sam. 9h30-18h.

À deux pas de l'Opéra, un large éventail de chaussures signées Elefanten, Naturino, Giesswein, etc., destinées aux petits pieds douillets. Des modèles rigolos, tout-terrain, antichocs, antidérapants, ultralégers et superflexibles (entre 58 et 75 € selon la taille), et d'autres plus classiques, tout en rondeurs et en laine foulée, pour les petits pantouflards qui tiennent déjà à leur confort.

ZOOM

Dans la série « que faire pour distraire les enfants ? », il y a bien sûr le **théâtre de marionnettes** du château de Schönbrunn (p. 62-63) qui propose plusieurs spectacles de mai à octobre, à partir de 7 € (☎ 817 32 47, www.marionettentheater.at). Mais il y a moins loin et tout aussi rigolo : la « **maison des papillons** » située juste derrière l'Albertina (Schmetterlinghaus, Burggarten, G7, M° MuseumsQuartier, ☎ 533 85 70, www.schmetterlinghaus.at, lun.-ven. 10h-16h45, sam.-dim. 10h-18h45, jusqu'à 15h45 en hiver, entrée plein tarif : 5 €). Pour les juniors qui sont las de courir les serres et les châteaux, essayez le **Zoom** au MuseumsQuartier (cour n° 2, B3, M° MuseumsQuartier, ☎ 524 79 08, www.kindermuseum.at). Ce centre interactif offre un programme attrayant d'expositions et d'animations aux 3-12 ans, avec des ateliers peinture, dessins animés… 6 € par enfant les ven.-sam. (14h, 16h) et dim. (10h, 12h, 14h, 16h). Durée : 90 min. Réservez !

Décoration d'intérieur
et arts de la table

Vous n'avez d'yeux que pour les compotiers Jugendstil, la porcelaine Marie-Thérèse et les petites consoles Biedermeier en bois fruitier ? Vous ne rêvez que de rangements modulaires, de cafetières high-tech et autres gadgets capables de transformer votre kitchenette en cabine de pilotage ? Meubles cossus ou ustensiles fonctionnels : voici quelques adresses où vous pourrez glaner le meilleur de l'art de vivre à la viennoise.

LUMINAIRES

Woka

Singerstraße 16 (H7)
M° Stephansplatz
☎ 513 29 12
www.woka.at
Lun.-ven. 10h-18h, sam. 10h-17h.

Wolfgang Karolinsky, *alias* « Woka », a eu la bonne idée de racheter dans les anciennes manufactures de la monarchie autrichienne toutes les machines qui servaient à fabriquer, jusqu'en 1932, les incomparables lampes de Josef Hoffmann et d'Otto Wagner, pour les rééditer fidèlement, en laiton massif, nickelé ou laqué blanc. À côté de ces modèles, qui n'ont pas pris une ride, sont exposées de séduisantes créations de designers contemporains comme Matteo Thun ou Christiane Büssgen (350 €).

Nanu

Josefstädterer Straße 44 (B3)
M° Rathaus
☎ 406 25 28
www.nanulicht.at
Lun.-ven. 10h-18h, sam. 10h-14h.

Pour y voir plus clair, Gernot Manske et Walter Pangerl ont mis au point un système d'éclairage prodigieusement sobre, le Cubic, dont les abat-jour déclinés en différents matériaux (soie, papier, verre, aluminium ou laiton) et dans divers coloris devraient donner une touche futuriste et industrielle à votre futur loft.

DESIGN

Wittmann

Friedrichstraße 10 (G8)
M° Karlsplatz
☎ 585 77 25
www.wittmann.at
Lun.-ven. 10h-18h,
sam. 10h-15h.

Vous ne connaissez pas le rocking-chair de Friedrich Kiesler ? À deux pas de la Sécession, les Wittmann ont ouvert un show-room où les designers autrichiens figurent en très bonne place. L'occasion de faire connaissance avec le fauteuil AK04 d'Adolf Krischanitz, qui est prof aux Beaux-Arts de Berlin, et avec le sofa Materassi de Matteo Thun qui a son cabinet d'archi à Milan. C'est classe, fait main et hypersoigné. Catalogue des rééditions et des nouveautés sur leur site internet.

Prodomo

Naglergasse 29 (G6)
M° Herrengasse
☎ 533 83 82
www.prodomowien.at
Mar.-ven. 10h-18h30,
sam. 10h-17h.

Autant vous prévenir tout de suite : vous risquez de ne pas ressortir les mains vides de cet excellent magasin où Hartmann Henn fait

régulièrement le point sur l'éclosion créatrice de ces dernières années en matière de meubles et d'accessoires pour la maison. Tout y est irrésistible, de la minichaise pour enfants Luxembourg (100 €) au fauteuil-bouquet de Tokujin, en passant par les multiples gadgets chic spécialement conçus pour les branchés qui ne se prennent pas au sérieux.

Quas

Gumpendorfer Str. 16 (C4)
M° MuseumsQuartier
☎ 586 23 56
www.quas.at
Lun.-ven. 10h-18h30,
sam. 10h-16h.

Les Quas se sont lancés, eux aussi, à la conquête de l'espace avec, pour seul axiome, le souci de l'élégance et de l'harmonie. Leur show-room réunit, sur fond de musique de chambre, des tissus d'ameublement (Sahco, Zimmer + Rohde), des coffres aux lignes très épurées et de superbes penderies translucides signées Dell'Orto & Cattaneo, l'un des musts de la collection Poliform, dont le but avoué est de catapulter votre appartement dans le troisième millénaire. Bien sûr, ça se mérite (comptez 290 € pour un jeté de lit et 700 € pour une chaise en noyer).

Stilwerk

Praterstraße 1 (I6)
M° Schwedenplatz
☎ 212 06 10 50
www.stilwerk.at
Lun.-ven. 10h-19h,
sam. 10h-18h.

Bonne nouvelle : Stilwerk a investi en 2011 la Jean Nouvel Tower (p. 70) ! Résultat : 28 show-rooms sur 3 étages, entièrement dédiés à la déco, aux accessoires et à l'aménagement intérieur. Nous, on a un petit faible pour le design autrichien contemporain exposé au 3e dans la *Stilwerk design gallery* d'Engelhorn & Turkiewicz. Ce n'est pas si cher et ça fourmille d'idées

rigolotes, comme la lampe Sister Blister (150 €) conçue par Walking-Chair.

ARTS DE LA TABLE

Blaulicht Vis-à-Vis

Marc-Aurel-Straße 3 (H6)
M° Schwedenplatz
☎ 532 41 36
www.blaulichtdesign.at
Lun.-ven. 10h-19h,
sam. 10h-18h.

Pour les mordus des arts de la table, la chasse aux bons plans passe par ce magasin qui, mine de rien, vend plein de choses auxquelles on ne pense pas toujours : des sets de coupelles en céramique spécial apéritif (16 €), des mazagrans à motifs japonisants, des jardinets zen que vous pourrez placer en milieu de table à l'heure du thé… Ils ont même prévu le minirâteau pour tracer les sillons dans le sable blanc !

Haardt & Krüger

Schottengasse 3a (G6)
M° Schottentor
☎ 533 73 29
Lun.-ven. 9h30-18h,
sam. 9h30-17h.

Bien que ce magasin ait ouvert ses portes en 1875, il n'en est pas moins au top pour les pros des fourneaux comme pour les abonnés aux listes de mariage. À côté de quelques articles typiquement autrichiens (les fameux verres à vin Riedel, par exemple), vous y trouverez des couverts Alessi, des assiettes plutôt cocasses signées Emilio Bergamin, un couteau WMF à découper le parmesan (16,90 €), ainsi qu'une série complète de cuillères hyperpratiques avec anneau au bout, les *Rösle*.

Swarovski

Kärntner Straße 24 (H7)
M° Stephansdom
☎ 324 00 00
www.swarovski.com/wien
Lun.-ven. 9h-21h,
sam. 9h-18h.

Comme l'Autrichien Swarovski (p. 21) a l'habitude de confier à des designers et des stylistes le soin de concevoir ses bijoux et ses parures de table, on voit sortir chaque année de ses ateliers tyroliens de scintillantes pampilles – qui iront consteller les prochaines robes de Vivienne Westwood – mais aussi de sublimes cristaux, tel le « vase coquillage » conçu par Darko Mladenovic. Un pur objet d'art.

Grüne Erde

Mariahilfer Straße 11 (C4)
M° MuseumsQuartier
☎ (07615) 20 3410
www.grueneerde.com
Lun.-mer. 9h30-19h,
jeu.-ven. 9h30-19h30,
sam. 9h30-18h.

Terre Verte, en v. f., est une entreprise de Haute-Autriche, qui a le souci de l'écologie et de votre cadre de vie. Son comptoir viennois réunit avec bonheur toutes sortes

TISSUS SÉCESSION

Avis aux amateurs de tissus et aux nostalgiques de la Sécession viennoise : non seulement la vénérable firme **Backhausen**, fondée en 1849, réédite plusieurs des étoffes qu'elle avait réalisées dans les années 1900 pour les Wiener Werkstätte (p. 15), mais elle expose aussi au sous-sol quelques-uns des 3 500 dessins originaux de Kolo Moser, Josef Hoffman et Dagobert Peche ! Superbe. Comptez 39 € la housse de coussin Biedermeier.

Schwarzenbergstraße 10 (H8) – Tram 2 – ☎ 514 040
www.backhausen.com – Lun.-ven. 10h-18h, sam. 10h-17h.

d'articles naturels, simples mais jamais ennuyeux, pour mettre les petits plats dans les grands ou pique-niquer au jardin : sets en lin, carafes, planches à pain en

hêtre de Slovénie (59,80 €), céramique à décor d'olives ou vaisselle andalouse. Printanier.

Kunst & Kram

Hoher Markt 3 (H6)
M° Stephansplatz
☎ 535 96 52
Lun.-ven. 10h-18h30, sam. 10h-13h.

Pour personnaliser votre pied-à-terre, Karin Kecht surfe entre le design original et les objets sans frontières : elle vous a concocté un joyeux pêle-mêle de couverts en argent et de petites bougies de l'atelier viennois Castanetti. Chassez le décor, il revient au galop…

VERRE ET PORCELAINE

Augarten

Spiegelgasse 3 (H7)
M° Stephansplatz
☎ 512 14 94
www.augarten.at
Lun.-sam. 10h-18h.

Vous ne pouvez pas vous tromper : Augarten est la Rolls de la porcelaine autrichienne. Après le succès des *Maria-Theresia* à motifs verts et des *Wiener Rose* à liseré vert, la manufacture s'est lancée dans la production de deux services néoclassiques de 33 pièces chacun, indispensables pour faire dînette au château : l'*Elisabeth*, reprise du service qu'utilisait l'empereur Ferdinand, et le *Courage*, à griffons rouges sur fond noir. À laver avec précaution car la glaçure d'or est un peu fragile…

Lobmeyr

Kärntner Straße 26 (H7)
M° Stephansplatz
☎ 512 05 08
www.lobmeyr.at
Lun.-ven. 10h-19h, sam. 10h-18h.

Sur les invisibles étagères de cette illustre maison fondée en 1823, les flûtes en cristal les plus raffinées de la capitale côtoient de délicates porcelaines de la manufacture hongroise de Herend peintes à la main et des rééditions de pièces anciennes, comme la carafe dessinée par Adolf Loos en 1929. Au palmarès des coups de cœur et des best-sellers : le service *Musselinglas* créé en 1856, les *Ballerina* 1992 de Paul Wieser et la série en bronzite conçue par Josef Hoffmann en 1912 (70 € le verre à liqueur).

ACCESSOIRES

Interio

Mariahilfer Straße 19-21 (B4/C4)
M° MuseumsQuartier
☎ 585 17 31
www.interio.at
Lun.-ven. 9h-20h, sam. 9h-18h.

Pour que votre studio devienne enfin vivable à petits prix, Interio a inventé une ligne complète de meubles modernes, fonctionnels et simples, à mi-chemin entre Habitat, Conran et Ikea. On y trouve des voilages, des tapis de sisal, de jolis coussins « unico » rayés à 14,90 € et, *last but not least*, un fauteuil de jardin en polypropylène à 99 €. On croit rêver !

Herbert Born

Köllnerhofgasse 4 (H6/I6)
M° Schwedenplatz
☎ 512 99 95
Lun.-ven. 10h-13h et 14h-18h.

Derrière cette façade édifiée à la fin du XVIIIe s. dans le goût très sobre qu'affectionnait Joseph II se cache un vrai filon pour celles et ceux qui cherchent à restaurer leur

maison de campagne ou leur vieille commode : M. Born, fondeur à Grieskirchen, y vend 700 modèles de poignées de porte, fenêtre et tiroir, de patères et de tringles à rideaux, le tout dans le style de votre choix. Alors, baroque ou Sécession ?

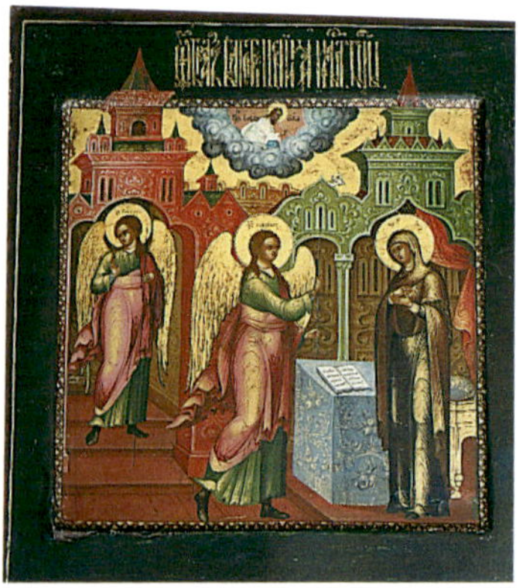

Antiquités
et objets de collection

Inutile de courir tout Vienne pour mettre la main sur un bouclier ottoman ou un carafon Art déco : les antiquaires se sont regroupés dans deux ou trois rues autour du Dorotheum, entre la Spiegelgasse et la Bräunerstraße. Il vous suffira donc d'arpenter cette petite citadelle – assez fermée de prime abord – pour y entrevoir de fabuleux trésors. Si les prix ou l'humeur, parfois revêche, du vendeur vous intimident, chinez plutôt du côté du Fleischmarkt et de la Wollzeile.

Alfred Kolhammer

Dorotheergasse 15 (H7)
M° Stephansplatz
☎ 513 20 63
Lun.-ven. 10h-17h30, sam. 10h-13h.

Cet antiquaire, réputé pour son professionnalisme, donne plutôt dans le grand format et le registre onéreux. Ses madones salzbourgeoises en pin, datant du début du XVIIIe s., sont aussi encombrantes qu'inestimables. Mais pour les budgets serrés et les appartements exigus, il a tout de même quelques peintures naïves et de ravissants meubles rustiques en bois peint.

Bauernfeind

Dorotheergasse 9 (H7)
M° Stephansplatz
☎ 513 10 20
Lun.-ven. 10h-19h, sam. 11h-17h.

Antoine Bauernfeind n'est pas de ceux qui se contentent d'aligner des enfilades de fauteuils Voltaire ou de commodes Biedermeier dans une galerie chic. Derrière la façade baroque de l'ancien palais Starhemberg (1702), il vise l'œuvre d'art. Ses objets, toujours choisis avec un goût très sûr, portent d'ailleurs un cartel, comme dans un musée.

E. M. Mautner

Herrengasse 2 (G7)
M° Herrengasse
☎ 533 12 24
Lun.-ven. 10h-18h, sam. 10h-13h.

La capitale autrichienne, qui fut longtemps une plaque tournante du marché de l'art en provenance d'Europe centrale et de l'ex-Union soviétique, a vu transiter de nombreuses œuvres dont les experts ont parfois mis en doute l'authenticité. Mais ici, soyez tranquille : les charmants tableautins qui tapissent les murs de Melich Mautner sont de vraies icônes russes du XIXe s. À partir de 1 000 €.

Glasfabrik

Lorenz Mandlgasse 25 (HP par B3)
M° Kendlerstraße
☎ 494 34 90
www.glasfabrik.at
Mar.-ven. 14h-19h, sam. 10h-14h.

La chasse au bibelot de collection passe aussi par la Glasfabrik dont l'entrepôt de 2 000 m^{2} est situé à 4 stations de métro de la Westbahnhof (U3). C'est un peu loin mais les amateurs qui se damneraient pour un bock en baccarat ou un bouchon de carafe y trouveront, à des prix encore accessibles, toutes sortes d'objets décoratifs et mobiliers des années 1670 à 1970.

Wissenschaftliches Kabinett

Spiegelgasse 23 (H7)
M° Stephansplatz
☎ 512 41 26
www.wisskab.com
Lun.-jeu. 13h-18h, ven. 10h-13h et 15h-18h, sam. 12h-17h.

C'est le seul antiquaire viennois qui ait pris le parti d'explorer l'univers complexe des instruments astronomiques et chirurgicaux. Les objets de collection, exposés dans les 15 m^{2} de sa boutique très spécialisée, ne sont donc pas des bibelots à proprement parler, mais des sextants, des télescopes, des fioles d'apothicaire et de vieux bistouris qui ont peut-être déjà servi.

Im Kinsky

Freyung 4 (G6)
M° Schottentor
☎ 532 42 00
www.imkinsky.com
Expositions : lun.-ven. 10h-18h, sam. 10h-17h, dim. 11h-16h.

C'est *la* salle des ventes qui monte. Surtout depuis qu'un tableau d'Egon Schiele y a été adjugé pour la bagatelle de 4 millions d'euros. Mais rassurez-vous : tous les prix ne sont pas aussi prohibitifs ! Leur point fort ? Les objets des Wiener Werkstätte (p. 15) et les artistes autrichiens après 1945. Le tout est exposé dans le cadre splendide du palais baroque des princes Kinsky.

Hüttler

Himmelpfortgasse 19 (H7)
M° Stephansplatz
☎ 513 12 29
www.uhrmacher.at
Lun. 14h-18h, mar.-ven. 10h-13h et 14h-18h, sam. 10h-13h.

Vous cherchez une pendule en bois marqueté ou une Breitling *navitimer cosmonaut* de 1961 ? Essayez Hüttler. Le monsieur qui tient les rênes de cet atelier fondé en 1750 est lui aussi un passionné de belles mécaniques. Sur ses étagères sont réunis, selon l'arrivage, de délicats tic-tac de l'Empire et de robustes horloges françaises de la fin du XIXe s., destinées au marché russe, avec indication du jour et du mois en cyrillique. Exotique !

Reinhold Hofstätter

Bräunerstraße 12 (H7)
M° Stephansplatz
☎ 533 50 69
www.kunsthandel-hofstaetter.com
Lun.-ven. 10h-18h, sam. 10h-13h.

Depuis 1954, M. Hofstätter engrange dans son élégante galerie des chandeliers à cariatide, un florilège de petits maîtres flamands et d'exquises statues de l'école du Danube… Au printemps 2011, il avait même en réserve de quoi faire pâlir d'envie les fanas de baroque : une Vierge en grès attribuée à Giovanni Giuliani (XVIIe s.) ! Hors du commun.

Chronothek

Bräunerstraße 8 (H7)
M° Stephansplatz
☎ 532 05 49
www.chronothek.at
Lun.-ven. 11h30-18h, sam. 10h-16h.

À tous ceux qui éprouvent une furieuse envie de dépenser tous leurs euros dans une montre ancienne, Chronothek propose une sélection haut de gamme de superbes chronographes, comme l'*IWC Spitefire* ou l'*Aston Martin Amvox,* objet de bien des convoitises.

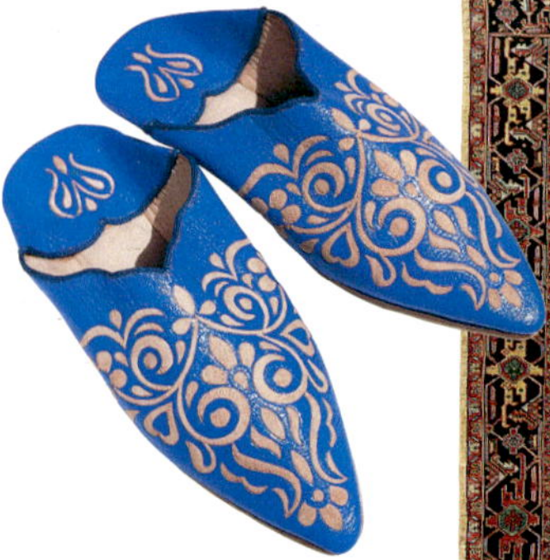

Meubles et objets d'ailleurs

Histoire de ne pas faire mentir le vieux dicton qui veut que Vienne soit aux portes de l'Orient, certains aventuriers trouvent encore le temps de fouiner hors des frontières de l'Autriche et de rapporter dans leurs comptoirs laques et coussins, saris et batiks, kilims anatoliens et colliers du Haut-Atlas : tout ce qu'il vous faut, au fond, pour donner une touche exotique à votre intérieur et vous métamorphoser en Schéhérazade.

India

Strobelgasse 2 (H7)
M° Stephansplatz
☎ 512 51 96
www.india.co.at
Lun.-ven. 10h30-18h30, sam. 10h30-18h.

Une matinée ne suffirait pas à fouiller dans les gros containers en métal que le maître des lieux, Pravin K. Cherkoori, remplit de rouleaux de tissu (de 30 à 160 € le mètre) frappés au sigle de l'Inde : une débauche d'organza, de brocart et de cachemire qui donnerait aux cadres les plus blasés l'envie de se faire sur-le-champ un look maharadjah de Jaipur. Ce n'est pas discret à proprement parler, mais il y a aussi, sur les portants, de beaux caftans brodés et de superbes manteaux coupés dans du taffetas prune.

Adil Besim

Graben 30 (H7)
M° Stephansplatz
☎ 533 09 10
www.adil-besim.at
Lun.-ven. 9h30-18h, sam. 10h-17h.

Un petit tour d'ascenseur et vous voici transporté dans l'antre du meilleur marchand de tapis de toute l'Autriche. Ferdi Besim y fait voler ses fabuleux modèles – il en a plus de 10 000 – avec une dextérité ébouriffante. Il prend son temps pour combiner les couleurs, expliquer l'origine des motifs et la nature du point. Les exemplaires les plus recherchés tournent autour de 12 000 €, mais vous pouvez aussi jeter votre dévolu sur un adorable *lori nimbaft* rouge et or à 370 €. Et pour les branchés qui auraient décidé de ne marcher que sur du moderne, il y a les créations intemporelles en laine du Tibet stylisées par Stephanie Odegard.

Morton's Art Palace

Lindengasse 39 (B4)
M° Neubaugasse
☎ 585 31 15
www.morton.at
Lun.-ven. 11h-18h30, sam. 10h-18h.

C'est la devanture la plus asiatique de Vienne et une vraie mine d'idées pour la déco ! On y trouve des tables façon « fumerie d'opium », des étagères en teck ou bois de rose, et toutes sortes d'articles traditionnels que Reinhard Mayer, le propriétaire, chine aux quatre coins de la Thaïlande et de l'Indonésie.

Living Vienna

Franziskanerplatz 6 (H7)
M° Stephansplatz
☎ 512 54 19
Lun.-sam. 10h30-18h.

Quand Caterina et Matthias Dorbath désertent Vienne, c'est pour parcourir le Laos ou la Birmanie et se mettre en quête d'une armoire de mariage ou d'un cabinet à multiples tiroirs qu'ils exposeront au retour, dans leur charmante boutique, à côté d'un coffret laqué pour boîte d'allumettes (65 €) et d'une statuette en terre glaise de Yu Qingcheng (149 €). Une moisson d'accessoires tendance ethno-chic.

Weltladen

Lichtensteg 1 (H6)
M° Schwedenplatz
☎ 535 28 86
www.weltladen.at
Lun.-ven. 10h-18h30, sam. 10h-17h.

Voici, à l'angle du Hoher Markt, un comptoir d'artisanat qui joue à fond la carte du commerce équitable. En ce moment, ils ont des boîtes laquées en philodendron, de jolis étuis en soie pour vos baguettes (4 €) qui viennent tout droit de Hanoi et des bols en capiz des Philippines (attention, ça ne se met ni au micro-ondes ni au lave-vaisselle !). Vous en redemandez ? Il y a 87 autres « Weltladen » en Autriche.

Lotos

Neubaugasse 64 (B3)
M° Neubaugasse
☎ 524 08 39
www.lotos-kostbarkeiten.de
Lun.-ven. 11h-19h, sam. 10h-17h.

Les palmes du dépaysement reviennent sans doute à ce grand dépôt caché au fond d'une cour de Neubau, où s'entasse une sélection d'objets hétéroclites – tissus, sofas, sets de table et accessoires en fer forgé – qui ont en commun le goût, l'insolite et la provenance : le continent indien. Les prix, très variés, s'échelonnent entre 250 € pour un petit cabinet à neuf tiroirs, et 1 500 € pour un paravent à motifs bouddhiques.

Himalayan Arts

Kirchberggasse 16 (B3)
M° Volkstheater
☎ (0650) 470 72 14
Sur r.-v.

Pour vous faire décoller du quartier de Spittelberg, un petit choix d'objets et de textiles estampillés népalais ou tibétains, à découvrir sur fond d'encens et de musique contemplative, entre les peintures sur soie, la vaisselle artisanale et le bois de santal. Les étiquettes sont à l'image de l'échoppe, raisonnables.

SANTAL ET BALSA

Le premier, qui nous vient des côtes de Malabar, de Java et d'Indonésie, est un bois parfumé, soyeux mais très résistant, que l'on employait autrefois en marqueterie et dont on fait aujourd'hui de précieux coffrets de couleur miel (*citrin*) ou rouge. Le second, originaire d'Amérique centrale, est le bois le plus léger du monde. On comprend qu'il soit très prisé des déménageurs et des fanas d'aéromodélisme. Mais attention, il est relativement poreux !

Disques, vidéos et livres

Pas besoin de lire Freud dans le texte pour fureter du côté des libraires viennois : ils ont des livres en français consacrés à la capitale et de beaux ouvrages illustrés, qu'on vous laissera feuilleter en toute quiétude, sur l'art de vivre en Autriche et les splendeurs des palais baroques. Pendant ce temps, les « wolfgangophiles » et les groupies des concerts du Nouvel An pourront compléter leur collection de coffrets, car la vraie coqueluche de Vienne reste la musique…

DISQUES, VIDÉOS

Gramola

Graben 16 (H7)
M° Herrengasse
☎ 533 50 34
www.gramola.at
Lun.-mer. 9h30-18h30, jeu.-ven. 9h30-19h, sam. 9h30-18h.

Gramola est le temple de la musique classique et le chouchou des amateurs d'opéra. Si vous voulez faire un cadeau à un mélomane qui a déjà tout, c'est donc ici qu'il faut vous adresser. De l'éditeur Naxos au label russe Melodiya, en passant par les enregistrements en *live* de l'Opéra national de Vienne,

le personnel connaît ses rayons sur le bout des doigts et saura vous conseiller des pièces peu connues du répertoire, des motets de Senfl (17,90 €) ou des arias de Stefano Donaudi.

Emi

Kärntner Straße 30 (H7)
M° Stephansplatz
☎ 512 36 75
www.emimusic.at
Lun.-ven. 9h30-18h30, sam. 9h30-18h.

Moins élitiste que Gramola, Emi est aussi plus éclectique : si le dernier étage est entièrement consacré aux classiques, les deux premiers niveaux font la part belle à la variété, à la musique traditionnelle autrichienne et aux jeunes compositeurs. Mais comme tout est très ordonné et fort bien étiqueté, vous n'aurez aucune peine à dénicher la compil du 25e anniversaire de Falco (25,90 €) ou le dernier volet de la trilogie du VAO, concocté par Mathias Rüegg.

Moses Records

Lerchenfelder Straße 33 (B3)
M° Volkstheater
☎ (0650) 330 17 16
www.moses-records.at
Lun.-ven. 12h-20h,
sam. 12h-19h.

Même à l'ère du « mp3 », le vieux disque vinyle a encore des fans ! À Vienne, l'une des meilleures adresses pour dégoter un album introuvable ailleurs, toutes catégories confondues, c'est Moses Records. La boutique ne paie pas de mine mais les prix défient toute concurrence (moins de 5 €) et les bacs sont super bien rangés : reggae, jazz, austropop… Il y a même des enregistrements de groupes underground locaux, genre Chuzpe ou Snakkerdu Densk !

Satyr-Filmwelt

Marc-Aurel-Straße 5 (H6)
(entrée par la Vorlaufstraße)
M° Schwedenplatz
☎ 535 53 27
Lun.-ven. 10h-18h30,
sam. 9h-17h.

Si vous avez manqué *Les Faussaires* de Stefan Ruzowitzky ou le dernier opus de Michael Glawogger *(Contact High)* faites un saut dans l'antre de Satyr, *le* rendez-vous des cinéphiles. Vous y trouverez, sur deux niveaux, une collection étourdissante de scénarios et de biographies bien sûr, mais aussi des affiches de films (15 €), des bandes-son, des DVD et même des cassettes vidéo en v. o.

LIVRES

Morawa

Wollzeile 11 (H7)
M° Stephansplatz
☎ 513 7 513 450
www.morawa-buch.at
Lun.-ven. 9h-19h,
sam. 9h-18h.

Une bonne librairie générale, pleine de petits recoins, où l'on se bouscule pour acheter la presse étrangère et tout ce que l'actualité compte de livres à grand tirage : romans de la rentrée, guides de voyage, le dernier portfolio de la photographe Inge Morath ou un album sur le Biedermeier. Également disponibles, des calendriers et un choix de titres en anglais sur l'Autriche.

Walther König

Museumsplatz 1 (C3)
M° Volkstheater
☎ 512 85 880
Lun.-sam. 10h-19h,
dim. 12h-19h.

La librairie de l'éditeur allemand Walther König, aujourd'hui installée dans le hall ovale du MuseumsQuartier, est la plus exemplaire de Vienne, dans le domaine de l'architecture, de l'urbanisme et du design. Il y a là des moissons de catalogues d'expositions, de superbes monographies d'artistes et des piles d'ouvrages sur les monuments autrichiens. Un vrai régal !

Burgverlag

Burgring 1-3 (G8)
M° MuseumsQuartier
☎ 587 73 11
www.burgverlag.com
Lun.-ven. 10h-13h
et 14h-18h.

C'est dans cette librairie aussi respectueuse que feutrée, entièrement vouée à la gravure et au livre ancien, que vous aurez toutes les chances de mettre la main sur une vue de Vienne au XIXe s., une planche de costumes ou une vieille carte géographique de l'Empire austro-hongrois.

PARTITIONS

Les surdoués du piano et du violon qui voudraient profiter de leur week-end pour déchiffrer un menuet de Mozart ou se procurer le livret rare d'un génie de l'opéra s'engouffreront toutes affaires cessantes chez **Doblinger**, Dorotheergasse 10 (G7/H7), M° Stephansplatz, ☎ 515 03 0, www.doblinger.at, lun.-ven. 9h30-18h30, sam. 10h-13h. Cela dit, ce *Musikhaus* prend aussi les commandes par fax (au Ⓕ 515 03 51) et peut expédier les partitions à l'étranger. Une idée déco ? La partition en fac-similé du *Beau Danube bleu* (8,95 €).

Souvenirs
et petits cadeaux

Vous êtes de ceux pour qui chaque jour doit ressembler à une fête ? Vous pensez que les petits cadeaux entretiennent l'amitié ? Alors, Vienne vous séduira. Il vous suffit de délaisser les grands magasins, un peu trop conservateurs, et de jeter votre dévolu sur le fond des cours du 1er arrondissement et les boutiques de Neubau où les objets drôles, insolites, parfois kitsch, toujours originaux en tout cas, font une percée remarquable.

Duftladen

Neubaugasse 27 (B4)
M° Neubaugasse
☎ 664 55 39 265
www.lessence.at
Lun.-ven. 10h-19h,
sam. 10h-18h.

On s'y presse pour faire le plein d'idées cadeaux : de l'agar cambodgien à l'ylang-ylang des Comores, cette boutique de cosmétiques suisses propose des savons aux plantes, des laits pour le corps ainsi qu'une gamme de 150 huiles essentielles distillées avec soin à partir d'ingrédients

exclusivement naturels et rigoureusement bio. Fait partie des musts le kyphi, un encens aussi doux qu'enivrant, élaboré d'après une recette de l'ancienne Égypte (12 € les 25 g).

Die vermischte Warenhandlung

Weihburggasse 16 (H7)
M° Stephansplatz
☎ 512 88 53 15
Lun.-ven. 10h-18h30,
sam. 10h-17h.

Pas besoin d'attendre les fêtes de Noël pour fureter chez Aichinger, Bernhard & Co. Leur comptoir de marchandises hétéroclites, niché au fond d'une cour à deux pas de la Franziskanerplatz, a tout ce qu'il faut pour attendrir le visiteur : des rubans, de ravissantes feuilles de papier cadeau mais aussi des animaux en peluche, des tasses, des savons, toutes sortes de fioles et de petites boîtes, des bougies parfumées et des fleurs en soie. On se demande où ils vont chercher tout ça.

Vienna World

Führichgasse 6 (H7)
M° Karlsplatz
☎ 512 00 57
www.viennaworld.com
Lun.-ven. 10h-19h, sam. 10h-18h, dim. 11h-19h.

Dans cette petite boutique située à l'angle de la rue Tegetthoff, pas d'huiles essentielles ni de bougies parfumées mais une moisson de gadgets musicaux à prix raisonnables. Nous, on a un petit faible pour les crayons (1,90 €) et les carnets, déclinés en plusieurs couleurs, mais il y a aussi des tee-shirts signés Beethoven, des sacs, des parapluies-partitions… Si les cravates sont trop chargées à votre goût, optez pour les chaussettes : la double-croche y est plus discrète !

Alt-Österreich

Himmelpfortgasse 7 (H7)
M° Stephansplatz
☎ 513 48 70
Lun.-ven. 10h-17h.

Cette caverne d'Ali Baba, que l'on dirait issue d'un croisement entre un bureau des objets trouvés et un déballage de brocanteur, est un véritable supermarché de l'Empire austro-hongrois. Si vous réussissez à braver les humeurs de la patronne, pas toujours folichonnes, l'expérience vaut le détour : publicités jaunies, boutons de manchette, chopes, cartes postales, affiches de théâtre, insignes de l'armée, photos de divas, médailles de la famille impériale, 78 tours d'Herbert von Karajan – des témoins singuliers d'une époque qui sont autant de cadeaux potentiels.

Brandt

Neubaugasse 46 (B4)
M° Neubau
☎ 890 63 72
www.stefanbrandt.at
Lun.-ven. 10h30-18h30, sam. 10h-17h.

C'est à Quito (Équateur) que l'entrepreneur Stefan Brandt, très engagé dans le domaine du commerce équitable et du développement durable, fait confectionner ses tee-shirts, polos et sous-vêtements en mako gazé, un coton de haute qualité qui ne bouloche pas et sur lequel il imprime toutes sortes de slogans coquins, rigolos ou militants, dans les couleurs de votre choix : cherry, océan, alu, lézard, pink… C'est confortable, 100 % naturel et pas si cher au fond (autour de 30 €). Annexe : Jasomirgottstraße 1 (H7).

Metzger

Stephansplatz 7 (H7)
M° Stephansplatz
☎ 512 34 33
www.lebkuchenmetzger.at
Lun.-ven. 9h30-18h, sam. 10h-17h.

Devinette : quel est le point commun entre une bougie et un pain d'épice ? Vous donnez votre langue au chat ? Réponse chez Metzger : ce roi du cierge de cire, qui vend aussi bien des *Spekulatius* au miel que de fausses roses perlées de fausses gouttelettes de rosée, n'a d'yeux que pour les abeilles. Ses rayons regorgent de *Manschetten* et autres chandelles joliment décorées.

ET AUSSI…

Vous voudriez glisser dans votre valise un cadeau typiquement autrichien mais vous êtes à court d'idées ? Faites un tour dans les *Österreichische Werkstätten*. Cette coopérative d'artisans propose, sur 500 m², un large éventail de bijoux, de coussins « Ver Sacrum » (Schneiders, 44 €), de petits cendriers en forme de feuille…

Kärntner Straße 6 (H7)
M° Stephansplatz
☎ 512 24 18
www.austrianarts.com
Lun.-ven. 10h-18h30, sam. 10h-18h.

Delikatessen

Vous faites partie de ces gourmands qui ne jurent plus que par le sanglier des Hohe Tauern et par l'huile de potiron, qui ont décidé d'improviser un pique-nique de rêve à Schönbrunn et de ramener dans leurs valises un bon petit vin du Burgenland ? Voici quelques-unes des épiceries les plus appétissantes de la capitale où vous trouverez, à coup sûr, ces produits du terroir qui font toute la saveur des tables viennoises.

Schönbichler & Co

Wollzeile 4 (H7)
M° Stephansplatz
☎ 512 18 16
www.schoenbichler.at
Lun.-ven. 9h-18h30, sam. 9h-17h.

Dans cette estimable maison fondée en 1870, les amateurs de thé se fournissent aussi bien en très classique *Lapsang souchong* (5,90 €) qu'en *Silver Blossom de Formose* (18,40 € les 100 g). Mais comme Schönbichler a plus d'un arôme dans son sac, les étagères regorgent aussi de confitures sophistiquées, de terrines de caille aux morilles et d'eaux-de-vie autrichiennes à 43 €.

Meinl am Graben

Graben 20 (H6-7)
M° Stephansplatz
☎ 532 33 34
www.meinlamgraben.at
Lun.-ven. 8h-19h30, sam. 9h-18h.

Miel de Styrie, moutarde au raifort, confiture de courge de Waitzendorf : si la seule évocation de ces noms vous fait pâlir d'envie, une halte s'impose chez Julius Meinl am Graben, le « Fauchon » des Viennois(es). Ses compotes aux abricots de la Wachau (4,99 €), ses jambons du Schwarzatal et ses fromages de la Drave (1er étage) sont aussi alléchants que ses assortiments de spécialités à offrir, joliment présentés en corbeille ou en coffret.

Wein & Co

Jasomirgottstraße 3-5 (H7)
M° Stephansplatz
☎ 535 09 16
www.weinco.at
Lun.-sam. 10h-2h, dim. 15h-minuit.

Pour déguster ou acheter tout ce que l'Autriche produit de meilleur en matière de vins, il y a bien sûr le *wine bar* de Meinl am Graben mais aussi le Wein & Co où les connaisseurs retrouveront tous leurs chouchous à des prix minorés : riesling de la Wachau, pinot noir de Carnuntum, heideboden 2007 de Claus Preisinger à 18 €… En prime : des compotes de noix et des chutneys de quetsches de Styrie signés « Fink's » (6,99 €).

Arthur Grimm

Kurrentgasse 10 (H6)
M° Herrengasse
☎ 533 13 840
www.grimm.at
Lun.-ven. 7h-18h30.

Si cette boulangerie ne paie pas de mine, tous ses pains, qu'ils soient au seigle ou à l'épeautre, sont naturels et cuits avec amour par Andreas, un artisan pétri d'écologie qui leur donne des formes inédites. Pour preuve, le *Buchweizenbrot* et le *Hirsebrot*, qui figurent parmi les fleurons de cette collection bio à prix très sages (6,25 € les 650 g).

Altmann & Kühne

Graben 30 (H7)
M° Stephansplatz
☎ 533 09 27
www.altmann-kuehne.at
Lun.-ven. 9h-18h30, sam. 10h-17h.

Tout le monde connaît A & K, le roi du chocolat miniature et de l'emballage chic. Même les accros aux régimes sans friandises craquent devant ses pralinés lilliputiens, qui

fondent à plaisir (12,50 € les 100 g), ses pyramides de petits anges au nougat, qui donnent littéralement le tournis, et ses truffes à la mandarine, qui sont toujours aussi exquises. Gare aux kilos !

Unger und Klein

Gölsdorfgasse 2 (H6)
M° Schwedenplatz
☎ 532 13 23
www.ungerundklein.at
Lun.-ven. 15h-minuit, sam. 17h-minuit.

La meilleure adresse pour tester le vin avant de l'acheter ? Unger und Klein ! Le cadre est original (il est l'œuvre des architectes Eichinger & Knechtl) et le caviste, consciencieux : il a une belle palette d'eaux-de-vie qui fleurent bon le terroir et de gouleyantes cuvées, comme le pinot noir de Hans Nittnaus ou le Rosenberg de Markowitsch. 1 234 étiquettes au total. Les étagères vous semblent un peu… courbes ? Ce n'est pas un effet de l'alcool : elles le sont vraiment !

Zum schwarzen Kameel

Bognergasse 5 (G6/H6)
M° Herrengasse
☎ 533 81 25
www.kameel.at
Lun.-sam. 9h-21h.

Cette vénérable institution (1618 !) n'est pas seulement un restaurant qui sert, entre 12h et 15h, les valeurs sûres de la cuisine viennoise, c'est aussi une épicerie fine où l'on peut faire, dans un silence religieux et avec une certaine componction, ses emplettes gourmandes. Le vinaigre y est fameux, tout comme le pain de Gmünd, fourré aux raisins secs, au rhum et aux noisettes selon une vieille recette paysanne. Les fans de canapés trouveront là des *tramezzini* au curry ou au saumon (2,50 €) qui comptent, dit-on, parmi les plus divins d'Europe centrale.

À VOS CADDIES

Vous n'avez pas le temps de courir d'une épicerie à l'autre ? Il existe, dans le 1er arrondissement, deux libres-services épatants pour faire le plein de spécialités autrichiennes : Julius Meinl am Graben, bien sûr, mais aussi **Billa Corso**, dans la Herrnhuterhaus : Neuer Markt 17 (H7), M° Stephansplatz, ☎ 513 06 24, www.billa.at, lun.-ven. 8h-20h (21h jeu.), sam. 8h-18h.

Le coin des affaires

Dans le 1er arrondissement, les boutiques de *second hand* se comptent encore sur les doigts de la main. Si vous êtes à l'affût d'un must de la saison écoulée ou d'une panoplie à la Deschiens, misez plutôt sur le traditionnel Flohmarkt (marché aux puces), les discounts de jeans et les quelques fripiers périphériques. Dans tous les cas : négociez vos trouvailles, méfiez-vous des offres trop *günstig* (avantageuses) et évitez les contrefaçons.

Chegini Outlet

Kohlmarkt 4 (G6-7)
M° Herrengasse
☎ 535 60 91
Lun. 14h-18h15, mar.-ven. 10h-13h et 13h30-18h15, sam. 10h-18h.

Vous êtes à l'affût d'un petit ensemble de John Galliano à prix… réaliste ? Sachez qu'Eva Vrionis, la directrice de Chegini (Kohlmarkt 7), a ouvert à deux pas de là (au fond de la cour du nº 4, porte gauche), une annexe où les *fashion victims* peuvent jeter leur dévolu

sur des modèles de la saison passée bradés à 50 % de leur prix. Le printemps dernier, on y trouvait des fins de série intéressantes griffées Miu-Miu, YSL, Prada…

Second Deal

Sonnenfelsgasse 5 (I6)
M° Schwedenplatz
☎ (0699) 19 00 86 81
www.2nd-deal.at
Mar.-mer. 14h-18h, jeu.-ven. 11h-18h, sam. 11h-16h.

Christian Takacs a eu la bonne idée de se spécialiser dans le *second hand* pour homme. En 2009, il a ouvert à deux pas de la Schönlaterngasse (p. 51) un petit dépôt – le premier du genre à Vienne – où l'on peut acheter jusqu'à 50 % de leur prix d'origine des vestons, sweats, pulls, tee-shirts et pantalons signés Armani, Hugo Boss, Tommy Hilfiger, Versace, DKNY mais aussi… Ed Hardy et De Puta Madre, qui sont tout neufs ou ont été à peine portés. Profitez-en : l'adresse est encore confidentielle !

Trachtenoutlet

Weihburggasse 8 (H7)
M° Stephansplatz
☎ 513 16 73
www.trachtenoutlet.at
Lun.-ven. 10h-18h30, sam. 10h-18h.

La seule boutique de Vienne à vendre exclusivement des *Trachten* (costumes traditionnels) et des vêtements de style alpin à prix d'usine. Tous les classiques sont au rendez-vous – *Dirndl,* tabliers, chemises à carreaux… – à des prix imbattables : 139 € (au lieu de 199 €) pour des *Kniebundhosen* Spieth & Wensky en chamois qui se nouent aux genoux. Ils ont aussi des shorts de bain façon « culotte de peau tyrolienne » à 44 € ! Qui dit mieux !

First Fashion

Krugerstraße 10 (H8)
M° Stephansplatz
☎ 513 54 84
Lun.-sam. 10h-18h.

Du chandail Kenzo au modèle acétate et viscose signé Sonia Rykiel, « FF » donne dans le *second hand* de luxe à petits prix (entre 250 et 600 €). Avec, en plus, un grand choix de fourrures et de manteaux en parfait état, dans un style qui convient aussi bien aux dames qui aiment montrer leurs jambes qu'aux bourgeoises bon teint du quartier.

Kamikaz/Bootik 54

Neubaugasse 54 (B3)
M° Neubaugasse
www.bootik54.com
Lun.-ven. 10h-19h, sam. 10h-18h.

Pendant longtemps, Kamikaz était la friperie du quartier. Aujourd'hui, c'est un magasin d'articles totalement neufs mais qui cultive toujours avec autant de bonheur l'art du petit prix et le brassage des genres : jeans, tee-shirts imprimés de motifs rigolos (19 €), tops, sacs, accessoires à tendance kitsch, chemises Hawaii et robettes de cocktail… le tout importé d'Asie ou de Paris et vendu à des tarifs très convaincants par le sympathique Laurent Candelon.

Caritas

Steinheilgasse 3 (HP par F1)
M° Floridsdorf et bus 29a
arrêt Sebastian-Kohl-Gasse
☎ 259 99 69 ou 259 85 77
www.carla-wien.at
Lun.-ven. 9h-18h, sam. 9h-13h.

Enfin, pour vous porter le coup de grâce, il y a le « Lager Nord » de la Caritas. Bien sûr, ce dépôt façon Emmaüs est très éloigné du centre – enfin, n'exagérons rien : à 10 min de marche du métro par la Leopoldauer Straße –, mais il déploie des trésors de vaisselle, meubles, abat-jour, tapis, miroirs et vêtements qu'il serait d'autant plus dommage de snober qu'il est devenu très « tendance », à Vienne, d'aller chiner chez Caritas.

MARCHÉ AUX PUCES (FLOHMARKT)

Chaque samedi (6h30-18h), dans le prolongement du Naschmarkt, entre les stations de métro Kettenbrückengasse et Pilgramgasse, les professionnels de la brocante et les camelots des Balkans se partagent – parfois au prix de quelques empoignades – le bitume de la Wienzeile (B4). On ne compte pas les monceaux de fripes, de cartes postales anciennes et de chaussures de ski, mais les bonnes affaires se font tôt, entre 8h et 10h.

Sortir mode d'emploi

Si l'on s'en tient aux apparences, la vie nocturne peut sembler sage et la ville assoupie. Il est vrai qu'ici, la frénésie réside surtout dans la multiplicité des concerts classiques et qu'entre le Crépuscule des dieux, le festival Strauss et les premières de Seiji Ozawa, on ne sait plus bien où donner de la tête. Mais si vous prenez la peine de sortir des sentiers battus, vous aurez toutes les chances de vous retrouver dans un bar de nuit sympa ou une rave débridée.

Où sortir ?

De nombreux palais et églises du 1er arr. proposent un éventail très varié de concerts de qualité, de la *Missa solemnis* de Mozart aux duos de violoncelle en passant par les impromptus de solistes en costumes d'époque. Vous aurez donc l'embarras du choix, entre la Schottenkirche, le palais Pállfy, le palais Lobkowitz, la Minoritenkirche et la Karlskirche. Les grandes salles de spectacle – tels le Burg, l'Opéra, le Theater an der Wien et le Volkstheater – sont situées de part et d'autre du Ring et sont très facilement accessibles à pied ou en métro depuis le centre. Il en va de même pour les bars chic de la City : vous les trouverez aux abords de la Kärntner Str. (tel l'Onyx Bar de la Haas-Haus, p. 44). Le fameux quartier du Bermuda-Dreieck, au cœur de la Vienne médiévale, n'est plus ce qu'il était mais le Krah-Krah, le Ron con soda et le Jazzland sont toujours très animés. Quant aux dance floors les plus courus, ils sont disséminés aux quatre coins de la ville, notamment dans les 1er, 3e, 7e, 8e et 12e arr.

SE REPÉRER

Nous avons indiqué pour chaque adresse Sortir sa localisation sur le plan général ou sur le zoom (B2, G8…). Pour un repérage plus facile en préparant votre week-end ou lors de vos balades, nous avons signalé sur le plan par un symbole violet toutes les adresses de ce chapitre. Le numéro en violet signale la page où elles sont décrites.

Le programme

L'excellent hebdo *Falter* (2,80 €), www.falter.at, publie une sélection commentée, en allemand, des manifestations et le *Wien Magazin* (gratuit, www.wienmagazin.at) recense chaque mois, en 32 pages, les films, les concerts de musique « E » (classique) et « U » (actuelle), les expos, les nouvelles pièces, les derniers ballets et les activités sportives. Les night-clubbers qui n'auraient pas encore déniché les heures et thèmes de leur prochaine soirée se brancheront sur la page « Party Time » du *Falter*.

Sécurité

Pour déjouer les quelques pickpockets qui opèrent parfois à la station Karlsplatz, il suffit de faire preuve de bon sens : n'emportez pas vos bijoux précieux, surveillez votre sac à main, sac à dos, appareil photo ou caméra vidéo et laissez votre passeport à l'hôtel. Seule et unique recommandation : évitez de vous rendre à une heure tardive au Prater et sur la Mexikoplatz (2e arr.).

Réservation

Pour obtenir une place au **Staatsoper, Volksoper** ou **Burgtheater**, adressez-vous au bureau de location du Bundestheaterverband, Operngasse 2 (G8/H8), ☎ 514 44 7880, lun.-ven. 8h-18h, sam. 9h-12h. Notez que la vente des billets débute un mois avant le jour de la représentation et que les spectacles donnés du 1er au 30 sept. sont vendus entre le 1er et le 30 juin. Vous pouvez aussi réserver par téléphone (☎ 513 1 513) et par Internet (www.culturall.com).
Si vous n'avez pas de billet, tentez votre chance en vous rendant le jour même sous les arcades du Staatsoper, Herbert-von-Karajan-Platz (H8). La caisse ouvre dès 8h et ferme 1h avant le spectacle (sam.-dim. 9h-12h).
Au **Konzerthaus**, les billets sont mis en vente trois semaines avant le concert. Vous pouvez téléphoner au ☎ 242 002 (lun.-ven. 8h-18h30, sam.-dim. 9h-13h et 16h-18h30), réserver sur Internet (ticket@konzerthaus) ou les acheter directement au guichet (Lothringerstr. 20, I8, lun.-ven. 9h-19h45, sam. 9h-13h). Le billet du Konzerthaus vous donne le droit d'emprunter les transports publics viennois 2h avant et jusqu'à 6h après le début du concert.
Le **Volkstheater** vend ses places par téléphone (☎ 52 111 400), mais vous pouvez aussi les acheter directement au guichet (lun.-sam. dès 10h du matin, entrée par la Burggasse, B3).
En dernier ressort, demandez conseil au réceptionniste de votre hôtel ou passez par une agence spécialisée dans la vente de billets de spectacle, comme **ÖsterreichTicket** (☎ 96 096), **Roessler** (Seilergasse 2, H7, ☎ 513 11 04, www.kartenbuero.at) ou **Wien Ticket Pavillon**, Herbert-von-Karajan-Platz (H8), situé juste à côté de l'Opéra, ☎ 588 85, t. l. j. 10h-19h.

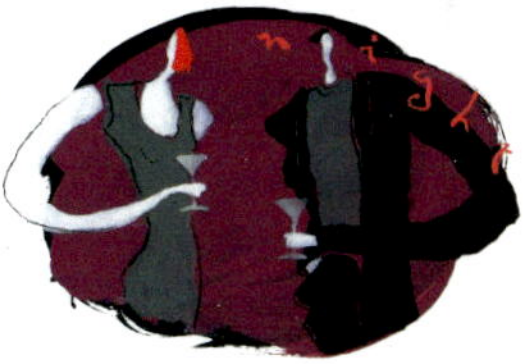

C'EST GRATUIT !

Des idées pour sortir sans bourse délier ? Les concerts du dim. 11h à l'**Augustinerkirche** (www.augustiner.at) sont gratuits, comme beaucoup de spectacles au **WUK** (www.wuk.at). De mai à sept., il y a, le ven. soir, une ***roller-party*** dans les rues de Vienne (www.nightskating.at) et le dim. midi, des concerts sympa au **Prater**. Le dernier w.-e. de juin, l'île du Danube vous accueille à l'œil pour la **Donauinselfest** (p. 5). En juil.-août, le **Musikfilmfestival** organise des projections dès la tombée de la nuit sur la place de l'hôtel de ville (www.wien-event.at). Et le 11 nov. à 11h11, on danse la valse et le quadrille sur le **Graben**. Arrivez dès 10h30 pour les répèt' !

FESTWOCHEN

C'est le point fort de l'agenda culturel viennois. Les **Festwochen** (« Festival de Vienne ») offrent chaque année, en mai-juin, un programme théâtral de grande qualité avec des interprètes internationaux, de brillantes mises en scène, des troupes étrangères… Au total, 180 représentations inaugurées par un concert en plein air sur la place de l'hôtel de ville.

Infos et billets :
Lehárgasse 11 (G8) – M° Museumsquartier
☎ 589 22 22 – Ⓕ 589 22 49 – www.festwochen.at

Bars de nuit...

1 - Ost-klub
2 - Le Loft
3 - Pratersauna

Bars de nuit

Loos Bar

Kärntner Straße 10 (H7)
M° Stephansplatz
☎ 512 32 83
www.loosbar.at
Dim.-mer. 12h-4h,
jeu.-sam. 12h-5h.

Ce bar légendaire, classé monument historique, fut conçu par l'architecte Adolf Loos en 1908, l'année même où parut sa théorie sur l'inutilité du décor (*Ornement et Crime*). Ce qui ne signifie pas, loin de là, que le cadre ambiant soit moins éblouissant que le sourire de Marianne Kohn, la maîtresse des lieux...

First Floor

Seitenstettengasse 5 (H6)
M° Schwedenplatz
☎ 532 11 65
www.firstfloorbar.at
Lun.-dim. 19h-4h.

Depuis qu'il a été relifté (1994) par Eichinger et Knechtl, le First Floor est l'un des bars les plus beaux de Vienne. Si beau que l'on resterait scotché au comptoir des heures durant, à scruter les ondulations d'herbes vertes qui flottent à l'intérieur d'un aquarium bleu, tout en sirotant, dans une ambiance cool et tamisée, sur fond de piano et contrebasse, d'excellents cocktails : *manhattan specials* et *rhum & cachaça drinks* à partir de 8 €.

Blaue Bar

Philharmonikerstraße 4 (H8)
M° Karlsplatz
☎ 51 456 842
www.sacher.com
T. l. j. 10h-2h.

Si vous redoutez les rythmes effrénés, les néons et le côté « boum improvisée » de certains clubs, essayez le bar de l'hôtel Sacher. Tout s'y passe dans le meilleur des mondes possibles. Le cadre est reposant, la musique on ne peut plus douce et le drink *Anna Sacher* n'a rien à envier aux autres cocktails : 2 cl de jus d'orange, 1 cl de liqueur d'abricot, un *dash* de grenadine, 1 cl de vermouth et du champagne.

Planter's

Zelinkagasse 4 (C2)
M° Schottenring
☎ 533 33 93 20
www.plantersclub.com
Dim.-mer. 17h-2h,
jeu.-sam. 17h-4h.

Avec ses palmiers, ses ventilateurs et ses lourds fauteuils,

Peter Rössler réussit chaque soir à faire croire aux Viennois qu'ils ont échoué dans une plantation d'hévéas en Indonésie ou dans un remake d'*Out of Africa*. Environ 350 marques de whisky et pas mal de bouteilles de rhum. Plus colonial…

Krah-Krah

Rabensteig 8 (H6)
M° Schwedenplatz
☎ 533 81 93
www.krah-krah.at
T. l. j. 11h-2h.

Avant de s'éclater sur les pistes de danse, touristes et étudiants transitent souvent par cet incontournable bar à bières du « Triangle des Bermudes ». C'est bourré de monde, enfumé – mais où est passée la clim' ? – et bruyant comme son nom le suggère assez (en allemand, *krah-krah* signifie « croa-croa »), mais la musique, résolument rock, n'est pas mal et la bière n'est qu'à 3,70 € le bock. Happy hour : lun.-ven. 15h30-17h30.

Reiss-Bar

Marco-d'Aviano-Gasse 1 (H7)
M° Stephansplatz
☎ 512 71 98
www.reissbar.at
Dim.-jeu. 11h-2h,
ven.-sam. 10h-3h.

Le Reiss, seul bar à champagnes de la capitale, retient tard dans la nuit une clientèle de quadragénaires bon pied bon œil et plutôt privilégiés qui y trouve une palette incroyable de marques du monde entier (à partir de 10 € la coupe). Pour accompagner toutes ces petites bulles : huîtres, caviar, saumon d'Irlande et *tramezzini*. Service affable et compétent.

Barfly's

Esterházygasse 33 (B4)
M° Zieglergasse
☎ 586 08 25
www.barflys.at
Dim.-jeu. 18h-2h,
ven.-sam. 18h-4h.

Coincé au bout d'un hall d'hôtel, le Barfly's est un petit bar déjà bien patiné, qui a parfaitement résisté à toutes les modes. 150 sortes de rhum, 40 marques de tequila et autant de cocktails à boire en écoutant Sinatra.

Stylez Club

Neubaugasse 10 (B4)
M° Neubaugasse
☎ 990 75 83
www.stylez.at
Lun.-mar.12h-minuit,
mer.-sam. 12h-2h,
dim. 18h-minuit.

Le Stylez distille une bande-son tantôt *chill out* et psychédélique (surtout le mercredi, lorsqu'il se la joue « soirée bien-être » avec massage gratuit et snacks végétariens), tantôt tribale ou électrique. Il n'y a pas de dress code particulier : néanmoins, si vous voulez assortir votre look à la couleur des murs, une petite touche d'orange sanguine s'impose. Happy hour : lun.-ven. 17h-21h.

Le Loft

Praterstraße 1 (I6)
M° Schwedenplatz
☎ 906 160
T. l. j. 12h-2h.

Magique à toute heure mais surtout à la nuit tombée, le café-lounge aménagé au dernier étage de la Jean Nouvel Tower (p. 70) vous réserve une incroyable vue panoramique sur les toits de Vienne. Et quelques « drinks » de derrière les fagots : un *k-fé spezial* avec un doigt de riesling, de la cannelle et un nuage de crème (9,50 €), des eaux-de-vie de Gölles et Reisetbauer… À siroter sous un plafond de l'artiste suisse Pipilotti Rist.

Bars alternatifs

Schikaneder

Margaretenstraße 24 (C4)
M° Karlsplatz
☎ 58 52 867 ou 58 55 888
www.schikaneder.at
T. l. j. 18h-4h.

Derrière ses fauteuils bas et ses tabourets hauts, ce bar aussi enfumé que difficilement classable est le must absolu en matière de scène alternative ! Au menu : DJ novateurs, films atypiques, opéras expérimentaux et concerts rigolos (dans le genre *vegetable orchestra* qui joue à merveille du violon-potiron et de la flûte-carotte).

Ost-klub

Schwindgasse 1 (D4)
Tram D arrêt
Schwarzenbergplatz
☎ 505 62 28
www.ost-klub.at
Mar., jeu.-sam. 21h-4h
Entrée : 5 €.

Notre coup de cœur ? L'Ost-klub ! Le mardi, la tendance est plutôt au soul & funk mais le reste du temps, on se croirait dans un film d'Emir Kusturica… : musiciens déjantés, accordéonistes moldaves, airs urban gypsies… Les en-cas pas trop chers (entre 4,50 et 6 €).

Pratersauna

Waldsteingartenstraße 135 (F2)
M° Messe-Prater
ou bus de nuit N29
www.pratersauna.tv
Jeu.-sam. 23h-6h
(mai-sept. : mer.-dim.).

L'ancien sauna du Prater (1965), réélu en 2012 2e meilleur club d'Europe par le magazine *de:bug* ! Un titre mérité : la reconversion est incroyable, il y a plusieurs dance-floors à l'intérieur, de la house à gogo et… une piscine en plein air où l'on peut nager, les mercredis d'été, jusqu'à 4h du matin. *Hot* !

Nightclubbing

U4 Diskothek

Schönbrunner Str. 222 (HP par A5)
M° Maragaretengürtel
☎ 817 11 92 – www.u-4.at
Mar.-dim. 22h-5h.

La plus internationale des boîtes viennoises (depuis le passage de Prince, Sade et Divine) est aux stars de l'underground ce que l'Opéra de Vienne est à Placido Domingo. Des DJ de Londres et d'ailleurs s'y produisent assez souvent, pour le plus grand plaisir des amateurs de house et de techno tout aussi farouchement déterminés à trouver l'âme sœur avant la fermeture.

Jenseits

Nelkengasse 3 (B4)
M° Neubaugasse
☎ 587 12 33
www.tanzcafe-jenseits.com
Lun. 20h-2h, mar.-sam. 21h-4h.

Si vous n'aimez pas les usines à danse du genre Fun Factory,

qui s'est ouvert dans le hall 1 du parc des Expositions de Leopoldstadt, essayez le Jenseits. C'est le bouge le plus somptueux et le plus intime de Mariahilf. Déco années 1950 et rouge cramoisi pour fêtards esseulés et aventureux. Soul et funk.

Passage

À l'angle du Burgring et de la Babenbergerstraße (G8)
M° Museumsquartier
☎ 961 88 00
www.sunshine.at
Mar.-sam. à partir de 20h.

Cinq soirs par semaine, des DJ se pointent avec leurs platines et transforment, comme par enchantement, un ancien passage souterrain du métro en une boîte de nuit presque futuriste pour amateurs de soul et surtout de house. Le mardi, ils remettent ça avec des tubes des années 1970 à 1990 (« soirées *Discofieber* »).

Volksgarten Disco

Burgring 1 (G8)
M° Volkstheater
☎ 532 42 41
www.volksgarten.at
Lun.-sam. 20h-2h.

Pour finir une journée d'été en beauté, vous pouvez dîner au « Pavillon » du Volksgarten – plats chauds servis jusqu'à minuit – et danser en plein air, jusqu'à 2h du matin, sur des rythmes moins effrénés qu'à l'U4 et plus commerciaux qu'à l'Arena. Blues, années 1980, hip-hop, R'n'B ou électro : ça change tout le temps mais ça débute toujours à 20h ! Sauf le dimanche : ce jour-là, ils font relâche.

Flex

Donaukanal-Promenade Augartenbrücke (C1-2)
M° Schottenring
☎ 533 75 25
www.flex.at
T. l. j. 23h-4h.

Si vous aimez chalouper sur des rythmes techno, dub et drum'n'bass, ça vaut vraiment la peine de vous presser au portillon de ce dance-floor aménagé le long du canal du Danube. Ce n'est pas si excentré et le programme, des plus variés, devrait vous faire grimper au plafond dès 23h. Élu « meilleure boîte d'Europe » par la revue allemande *Spex*.

Camera Club

Neubaugasse 2 (B4)
M° Neubaugasse
www.camera-club.at
Sam. 22h-6h.

Grâce à Holger Thor *alias* Miss Candy, cheville ouvrière des nuits les plus délirantes de la capitale, les noctambules peuvent désormais succomber tous les samedis aux extravagances *queer* et aux rythmes house de la *Heaven Vienna* (www.heaven.at). C'est joyeusement allumé et toujours hétéro friendly !

Szene Wien

Hauffgasse 26 (HP par F5)
M° Enkplatz (U3)
☎ 749 33 41
www.szenewien.com

Pour explorer tous les répertoires de la planète, c'est très simple : il suffit de s'aventurer dans le 11e arrondissement de Vienne. On y donne très régulièrement, à partir de 20h, des concerts de jazz, gothic, indie

STADTBAHNBÖGEN

Pour faire la fête jusqu'à 4 h du matin, il y a aussi les bars qui ont élu domicile sous les arcades (*Stadtbahnbögen*) de la ligne de métro U6, entre les stations Thaliastraße et Volksoper. Le plus couru est le **Rhiz** au nos 37-38 : c'est là que se produisent tous les pros de la musique électronique viennoise (Sofa Surfers, Louie Austen, DJ DSL, I-Wolf…). Les noctambules s'arrêtent également au **Loop** (arcades nos 26-27), au **Chelsea** (29-32), au **B72** (72-73), au **Q [kju :]** (142-144) et au **Halbestadt** (155).

1 - Wuk
2 - Passage
3 - Porgy & Bess
4 - Volksgarten Disco

rock, reggae… mais aussi des soirées « *Balkan fever* » ainsi qu'un festival « Salam Orient » pour les inconditionnels de cithare syrienne et de percussions kurdes. Entrée : entre 14 et 21 €. Tarifs réduits pour les moins de 25 ans disponibles chez Jugendinfo (Babenbergerstraße 1, G8).

Jazz

Porgy & Bess

Riemergasse 11 (I7)
M° Stubentor
☎ 512 88 11
www.porgy.at
Lun.-jeu. 20h-2h, ven.-sam. 20h-4h, dim. 19h-2h.

Un excellent club qui attire tous les pèlerins du jazz vivant et métissé par une programmation éclectique : du saxophoniste Chris Potter à l'ensemble Ravi Coltrane. Entrée à partir de 15 € (un peu moins cher pour les moins de 26 ans).

Jazzland

Franz-Josefs-Kai 29 (H6)
M° Schwedenplatz
☎ 533 25 75
www.jazzland.at

Quatre ou cinq fois par semaine, à partir de 21h, des jazz-bands se produisent au pied de l'église Saint-Ruprecht dans ce caveau très populaire qui compte encore parmi les bonnes boîtes de jazz de la capitale. Bonne ambiance.

Rock

Wuk

Währinger Straße 59 (B1)
M° Volksoper
☎ 401 210
www.wuk.at
À partir de 20h ou 22h.

Le Wuk est une sorte de MJC alternative ou de centre culturel polyvalent de 12 000 m², aménagé depuis une vingtaine d'années dans un ex-entrepôt de locomotives : un squat idéal, autrement dit, pour assister à un concert de rock torride, vrombissant et postindustriel. On y transpire beaucoup mais la clim' de la grande salle a été refaite. De 7 à 36 €.

Arena

Baumgasse 80 (HP par F5)
M° Erdberg (U3) ou bus de nuit N75
☎ 798 85 95
www.arena.co.at
À partir de 20h ou 23h.

Pour ceux qui ne pourraient se passer de leur dose habituelle de rock, de heavy metal et de hardcore, il y a deux possibilités : traverser tout Vienne en quête d'une rave improbable du côté de la Schartlgasse (M° Liesing), ou se diriger tout droit vers l'Arena, un ancien abattoir métamorphosé en salle de concerts, avec scène en plein air en juin et juillet. Entrée : 20 €.

Concerts et opéras

1 - Mozarthaus
2 - Staatsoper
3 - Musikverein
4 - Burgtheater

Staatsoper

Opernring 2 (H8)
M° Karlsplatz
☎ 514 44 22 50
www.wiener-staatsoper.at
Prix des places : entre 32 et 250 €.

Sous la direction d'illustres chefs tel le supermaestro Herbert von Karajan qui a attiré, en son temps, la crème des divas, et de Claudio Abbado qui a su inscrire au programme de nouvelles mises en scène d'œuvres rares, l'Opéra de Vienne s'est imposé comme l'une des meilleures scènes lyriques d'Europe. Un incroyable escalier d'honneur, une salle de 1 700 places et un programme en v. o. avec sous-titres en anglais. Le grand jeu !

Volksoper

Währinger Straße 78 (B1)
M° Volksoper
☎ 514 44 36 70
www.volksoper.at
Prix des places : entre 21 et 80 €.

Si vous n'avez pas envie de faire la queue toute la nuit pour pouvoir décrocher une place, essayez le Volksoper, dont la sélection est tout aussi brillante que le mythique Staatsoper, mais dans un autre registre : le genre « léger ». De *La Chauve-Souris* de Strauss à *La Veuve Joyeuse* de Lehár, il accueille en effet, depuis cent ans, les grands classiques de l'opérette, du vaudeville et de la comédie musicale.

Wiener Kammeroper

Fleischmarkt 24 (I6)
M° Schwedenplatz
☎ 512 01 000
www.wienerkammeroper.at
Prix des places : entre 17 et 72 €.

Le casting est sans doute moins prestigieux et le décor plus fruste qu'au Volksoper, mais les chanteurs qui font leurs armes dans cet opéra de chambre ne manquent pas de talent. À retenir surtout pour son cadre intime, ses opérettes de Strauss et sa sélection de pièces baroques méconnues (*Agrippina* de Händel…).

Musikverein

Bösendorferstraße 12 (H8)
M° Karlsplatz
☎ 505 81 90
www.musikverein.at
Prix des places : entre 5 et 125 €.

À inscrire sans faute sur votre bloc-notes, les dates de vos prochains rendez-vous au Musikverein. Ce temple (1869) de la musique classique à l'acoustique exceptionnelle est en effet le siège du prestigieux orchestre philharmonique de Vienne qui se produit dans la Großer Saal à l'occasion, entre autres, du traditionnel concert du Nouvel An retransmis en mondovision. La Brahms Saal, plus petite, est réservée à la musique de chambre.

Volkstheater

Neustiftgasse 1 (B3)
M° Volkstheater
☎ 52 111 0
www.volkstheater.at
Prix des places : entre 5 et 46 €.

Ce beau théâtre (1889), moins élitiste que le Burg, privilégie les pièces engagées, à caractère social ou documentaire, signées Schnitzler, Tchekhov ou Nestroy, un génial dramaturge de l'époque Biedermeier qui affectionnait tout particulièrement les pirouettes sentimentales, les jeux de mots cocasses et les rebondissements endiablés. Si vous comprenez l'allemand, tâchez de voir l'une de ses satires : c'est savoureux. En plus, il y a un bar très agréable, le Rote Bar, ouv. t. l. j. à partir de 18h30.

Theater an der Wien

Linke Wienzeile 6 (G8)
M° Karlsplatz
☎ 588 30 200
www.theater-wien.at
Prix des places : entre 12 et 150 €.

Avis aux amateurs d'opéra : ce vénérable théâtre (il a été édifié en 1801 à l'initiative d'Emanuel Schikaneder, le librettiste de la *Flûte enchantée*) se consacre de nouveau, depuis 2006, au baroque, au meilleur de Mozart et à la création contemporaine !

Mozarthaus

Singerstraße 7 (H7)
M° Stephansplatz
☎ 911 90 77
www.mozarthaus.at
Concerts à 19h30 (18h le samedi)
Prix des places : entre 20 et 47 €.

En 1781, Mozart, qui était encore au service du prince-archevêque Colloredo, se produisit à plusieurs reprises dans cette maison, propriété de l'ordre des Chevaliers teutoniques, où il logeait en compagnie des autres musiciens. Des solistes de renommée internationale y donnent aujourd'hui des concerts de haut niveau. Au programme : Mozart bien sûr, mais aussi Haydn, Schubert et Beethoven.

Burgtheater

Dr. Karl-Lueger-Ring 2 (G6)
M° Herrengasse
☎ 514 44 41 40
www.burgtheater.at
Prix des places : entre 5 et 51 €.

Le « Burg », pour les intimes, est l'un des meilleurs théâtres des pays de langue allemande. Construit en 1888 et longtemps dirigé par le talentueux Claus Peymann, il offre un double visage : un cadre fastueux décoré d'une fresque de Gustav Klimt, avec des portiers en uniforme à parements dorés, et un programme insolent qui ne manque pas de susciter des controverses (le soir de la première d'une pièce de Thomas Bernhard, des ultraconservateurs avaient déversé une charretée de fumier devant l'entrée…).

Hofburgkapelle

Hofburg, Schweizerhof (G7)
M° Herrengasse
☎ 533 99 27
www.hofburgkapelle.at.
Dim. (sf juil.-août) 9h15
Prix des places : entre 5 et 29 €.

C'est dans cette chapelle que le célèbre Chœur des petits chanteurs de Vienne (Wiener Sängerknaben), institué en 1498 par l'empereur Maximilien Ier, donne son récital dominical. Vous pourrez retrouver leurs voix cristallines au Konzerthaus le ven. à 15h30 (mai, juin, sept. et oct.).

Konzerthaus

Lothringerstraße 20 (I8)
M° Stadtpark
☎ 242 002
www.konzerthaus.at
Prix des places : entre 16 et 140 €.

Le Konzerthaus voit se succéder, dans ses trois salles brillamment rénovées en 2001, le meilleur du symphonique et de l'orchestre de chambre. Du récital de la violoniste Viktoria Mullova aux soirées Hélène Grimaud, en passant par Cecilia Bartoli interprétant le rôle d'Almirena, les productions sont toujours d'une grande qualité et devraient réjouir les mélomanes les plus pointus.

POUR COMMENCER, QUELQUES RÈGLES DE PRONONCIATION

Les voyelles
u = ou comme dans « chou »
ä = è comme dans « tête »
ö = eu comme « beurre » ou « peu »
ü = u comme dans « lune »
au = ao comme dans « baobab »
ei = ail comme dans « travail »
eu, äu = oï comme dans « Hanoi »

Les consonnes
j = y comme dans « balayer »
sch = ch comme dans « cheval »
st, sp (au début d'un mot) = cht, chp
ß = s comme dans « savoir »
s (devant une voyelle) = z comme dans « rose »
s (en fin de mot ou devant une consonne finale) = s
z = ts comme dans « tsé-tsé »
v = f comme dans « fenêtre »
w = v comme dans « valise »
h (au début d'un mot) : toujours aspiré
ch (après a, o, u, au) : toujours raclé
ch (après e, i, ä, ö, ü, ei, eu) : toujours mouillé.

EXPRESSIONS USUELLES

Au revoir : *Auf Wiedersehen*
Bonjour : *Grüß Gott*
Bonsoir : *Guten Abend*
Je ne comprends pas : *Ich verstehe nicht*
Merci : *Danke (schön)*
Oui/Non : *Ja/Nein*
Pardon : *Verzeihung !*
Parlez-vous français ? : *Sprechen Sie französisch ?*
S'il vous plaît : *Bitte (schön)*

ESPACE ET TEMPS

Où se trouve… ? : *Wo ist… ?*
À droite : *rechts*
À gauche : *links*
Tout droit : *geradeaus*
Aujourd'hui : *heute*
Hier : *gestern*
Demain : *morgen*
Ce matin : *heute morgen*
Ce soir : *heute abend*
Lundi : *Montag (Mo)*
Mardi : *Dienstag (Di)*
Mercredi : *Mittwoch (Mi)*
Jeudi : *Donnerstag (Do)*
Vendredi : *Freitag (Fr)*
Samedi : *Samstag (Sa)*
Dimanche : *Sonntag (So)*
À quelle heure ? : *Um wieviel Uhr ?*

SHOPPING

Je voudrais : *Ich möchte*
Combien coûte… ? : *Was kostet … ?*
Chapeau : *Hut*
Chaussure : *Schuh*
Chemise : *Hemd*
Costume : *Anzug*
Coton : *Baumwolle*
Cravate : *Krawatte*
Cuir : *Leder*
Encolure : *Kragenweite*
Gant : *Handschuh*
Grand magasin : *Kaufhaus*
Jupe : *Rock*
Laine : *Wolle*
Manteau : *Mantel*
Mouchoir : *Taschentuch*
Pantalon : *Hose*
Parapluie : *Regenschirm*
Pointure : *Schuhgröße*
Prix : *Preis*
Retouche : *Änderung*
Robe : *Kleid*
Sac : *Tasche*
Soie : *Seide*
Supermarché : *Einkaufszentrum*
Talon : *Absatz*
Velours : *Samt*
Veste : *Jacke*

LES NOMBRES

Un : *eins, ein, eine*
Deux : *zwei*
Trois : *drei*
Quatre : *vier*
Cinq : *fünf*
Six : *sechs*
Sept : *sieben*
Huit : *acht*
Neuf : *neun*
Dix : *zehn*
Onze : *elf*
Douze : *zwölf*
Treize : *dreizehn*
Vingt : *zwanzig*
Vingt et un : *einundzwanzig*
Trente : *dreißig*
Quarante : *vierzig*
Cent : *hundert*
Deux cents : *zweihundert*
Mille : *tausend*

À L'HÔTEL

Auriez-vous une chambre libre ? : *Haben Sie noch ein Zimmer frei ?*
Pour une nuit : *für eine Nacht*
Avec douche : *mit Dusche*
Avec salle de bains : *mit Bad*
Je désire être réveillé à… heures : *Ich möchte um… Uhr geweckt werden*
Petit déjeuner : *Frühstück*

AU RESTAURANT

Abricot : *Marille*
L'addition ! : *Bitte zahlen !*
Assiette : *Teller*
Beurre : *Butter*
Bière : *Bier*
Bœuf : *Rind*
Bouteille : *Flasche*
Café : *Kaffee*
Cerises : *Kirschen*
Chevreuil : *Reh*
Chocolat : *Schokolade*
Couteau : *Messer*
Crème fouettée : *Schlagobers*
Cuillère : *Löffel*
Eau : *Wasser*
Escalope : *Schnitzel*
Fourchette : *Gabel*
Fraises : *Erdbeeren*
Fromage : *Käse*
Gâteau : *Mehlspeise*
Hors-d'œuvre : *Vorspeise*
Jambon : *Schinken*
Jus de pomme : *Apfelsaft*
Lait : *Milch*
Menu : *Speisekarte*
Moutarde : *Senf*
Pain : *Brot*
Pâtes : *Nudeln*
Pêches : *Pfirsische*
Petit pain : *Semmel*
Poires : *Birnen*
Poisson : *Fisch*
Poivre : *Pfeffer*
Pommes : *Äpfel*
Pommes de terre : *Erdäpfel*
Porc : *Schwein*
Poulet : *Hendl*
Raifort : *Kren*
Riz : *Reis*
Sel : *Salz*
Sucre : *Zucker*
Thé : *Tee*
Tomates : *Paradeiser*
Veau : *Kalb*
Verre : *Glas*
Vin blanc/rouge : *Weißwein/Rotwein*
Vinaigre : *Essig*

EN VILLE

Aéroport : *Flughafen*
Arrêt : *Haltestelle*
Arrivée : *Ankunft*
Bagages : *Gepäck*
Billet : *Fahrkarte*
Bureau de tabac : *Trafik*
Changer : *umsteigen*
Consigne : *Gepäckaufbewahrung*
Correspondance : *Anschluß*
Départ : *Abfahrt*
Entrée : *Eingang*
Gare : *Bahnhof*
Métro : *U-Bahn*
Route : *Straße*
Sortie : *Ausgang*
Train : *Zug*
Tramway : *Straßenbahn*
Voie : *Gleis*
Vol : *Flug*

LES PANNEAUX

Autobahn : *autoroute*
Baustelle : *travaux*
Einbahnstraße : *sens unique*
Gefahr ! : *danger !*
Geöffnet : *ouvert*
Geschlossen : *fermé*
Gesperrt : *route barrée*
Kein Zutritt : *passage interdit*
Langsam fahren : *ralentir*

Ce guide a été établi par **Jean-Philippe Follet,** qui adresse ses remerciements à Sabine Holzmann, Ingeborg Millet, Klara Böhm, Olivia Divjak et Markus Wiesenhofer.

Ont également collaboré à cette édition : **Jean-Pierre Marenghi, Ewa Pilakowski** et **Laure Méry.**

Cartographie : **Frédéric Clémençon** et **Aurélie Huot.**

Conception graphique de la couverture et de la maquette intérieure : **Thibault Reumaux.**

Couverture : **Thibault Reumaux.**

Mise en pages intérieure : **Chrystel Arnould.**

Contact publicité : **vhabert@hachette-livre.fr** ou ☎ **01 43 92 32 52.**

Contact presse : **rmazef@hachette-livre.fr** ou ☎ **01 43 92 36 66.**

Écrivez-nous :
Aussi soigneusement qu'il ait été établi, ce guide n'est pas à l'abri des changements de dernière heure, des erreurs ou omissions. Ne manquez pas de nous faire part de vos remarques. Informez-nous aussi de vos découvertes personnelles, nous accordons la plus grande importance au courrier de nos lecteurs :
Guides Un grand week-end, Hachette Tourisme, 43 quai de Grenelle – 75905 Paris Cedex 15
E-mail : weekend@hachette-livre.fr

Crédit Photographique

• Intérieur
Toutes les photographies sont de **Nicolas Edwige,** à l'exception de celles des pages suivantes :

Stéphane Gautier : p. 13 (b. d.), p. 18, p. 19 (ht g.), p. 23 (b. d.), p. 27 (ht g.), p. 31 (b. d.), p. 33 (ht d.), p. 35 (ht d.), p. 37 (ht d.), p. 42, p. 43 (ht g.), p. 45 (b. g.), p. 47 (b. g), p. 49 (ht d.), p. 50, p. 52, p. 53, p. 55 (b. c.), p. 57 (b. d.), p. 59 (b. c.), p. 63 (b. g., b. d.), p. 67 (b. d.), p. 68, p. 69, p. 73 (b. c.), p. 74, p. 79, p. 80, p. 81 (ht), p. 84 (c. d.), p. 103 (b. d.), p. 104 (c. g.), p. 107 (ht g.), p. 109 (ht g.), p. 112 (b. c.), p. 113 (b. g.), p. 114 (b. c.), p. 118 (b. g.), p. 119 (b. d.), p. 123 (ht d.), p. 124 (ht d.), p. 127 (b. g.), p. 130 (b. c.), p. 131 (c. d., b. c), p. 137 (c. g., c. d.), p. 139.

Jean-Christophe Godet : p. 1, p. 2, p. 3, p. 5, p. 6, p. 7, p. 8, p. 12 (b. d.), p. 21, p. 24 (ht d.), p. 25, p. 27 (b. d.), p. 35 (b. d.), p. 38, p. 43 (b. g.), p. 45 (ht d.), p. 49 (c. g.), p. 54, p. 61, p. 70, p. 71, p. 72, p. 77, p. 82, p. 85, p. 86, p. 88 (ht g., ht d., c. g.), p. 91 (ht g., ht d.), p. 92 (c. g, c. d.), p. 94, p. 95, p. 97, p. 98 (ht g.), p. 100, p. 102 (ht g., ht d.), p. 103 (ht g.), p. 104 (ht d., b. d.), p. 107 (c.), p. 110, p. 111, p. 114 (ht g.), p. 115, p. 116 (ht g., ht d.), p. 118 (ht g.), p. 121 (ht c.), p. 130 (ht d.), p. 131 (c. g.), p. 132, p. 134, p. 137 (ht g., ht d.), p. 138 (c. g.).

Hachette : p. 30 (ht. d.), p. 34 (b. c.), p. 36 (b. d.).

Nous adressons nos remerciements à tous les établissements suivants pour leur aide précieuse : Woka : p. 14 (ht g.), p. 116 (b. c.). **Gustav Mahler, Photo Moritz Nähr** © **Österreichisches Theatermuseum :** p. 24 (b. c.). **LIECHTENSTEIN. The Princely Collections, Vaduz-Vienna :** p. 34 (ht g.), p. 35 (c. g.). **Haus der Musik :** p. 47 (ht d.), p. 76. **Demel :** p. 75. **Maison de l'Autriche, Wiesenhofer :** p. 78 (c. g.). **Quartier-21 / Popelka-& MuseumsQuartier Errichtungs-u. BetriebsgesmbH :** p. 81 (c. g.). **Hartmann :** p. 108 (b. g.). **Adil Besim :** p. 122 (ht d.). **Galerie Klute :** p. 126 (ht d.). **Duftladen :** p. 126 (b. c.).

• Couverture : Jean-Christophe Godet, à l'exception du plat 1 visuel principal © **Hotel Sacher Wien.**

Illustrations

Monique Prudent

Édité par Hachette Livre (43, quai de Grenelle, 75905 Paris Cedex 15)
Imprimé par Polygraf (Capajevova 44, 08199 Presov, Slovaquie)
Achevé d'imprimer en décembre 2012
ISBN : 978-2-01-245239-8 – 24/5239/9
Dépôt Légal : décembre 2012 – Collection N°44 – Édition : 01

UN GRAND WEEK-END

- Amsterdam
- Athènes
- Barcelone
- Berlin
- Bruxelles
- Budapest
- Dublin
- Édimbourg
- Fès, Meknès
- Florence
- Genève
- Istanbul
- Lisbonne
- Londres
- Madrid
- Marrakech
- Metz
- Montréal
- Mulhouse
- Naples
- New York
- Paris
- Prague
- Rome
- Saint-Pétersbourg
- Séville
- Stockholm
- Venise

weekend@hachette-livre.fr
www.facebook.com/GuidesUnGrandWeekend